図解 今すぐ使える！
孫子の兵法
THE ART OF WAR

鈴木博毅
Hiroki Suzuki

プレジデント社

人生に勝利したいすべての方へ——

世界最高峰の兵法書『孫子の兵法』を人生に活かす

新たな命を吹き込まれた『孫子の兵法』

ますます厳しい時代となってきた日本社会。ごく普通のやり方では成功や豊かさを手に入れるのは難しいのではないか。

皆さんもこんな印象を抱いていないでしょうか。努力するにしても、どうやったらよいかさえ、わからない時代になったと。

こんな時代にこそ、私たちに確かな道しるべを与えてくれる一冊の本があります。

三国志の英雄「曹操」や毛沢東、ビル・ゲイツまでが熱中した戦略書。異なる時代の英雄、大成功者たちが読み続けた最強の戦略書『孫子の兵法』です。

本書は書籍『実践版 孫子の兵法』（プレジデント社）をよりわかりやすく、短時間で図解とともに孫子の核心をつかむための新装版です。『実践版 孫子の兵法』は２５００年前に書かれた『孫子』を、現代の視点で分析した書籍です。

今回の新装版は、時間のない多忙なビジネス・パーソンのため「読んですぐにわかる」「読んでそのまま使える」ことを一番のコンセプトにしています。

『孫子』は勝つことを目指して書かれた書籍ゆえに、読む人の目標はいつの時代も同じです。皆さんが新たな勝利をつかむための、古代の天才戦略家が書いた重要な英知が本書には溢れているのです。

人生の勝負に使える「最高峰の戦略書」

『孫子』は古代中国の呉という国で、湘軍だった孫武《そんぶ》が書き上げた、戦争に勝つための戦略書です。

本書は、古典の『孫子』をそのままの原文で読み解くのではなく、現代のシーンに合わせて活用や応用が可能な形にしています。原書の文字を見つめたのではなく、天才軍師の孫武のアタマの中を覗《のぞ》くことを最終目標にしたのです。

彼の英知を道具として使うとすれば、今何ができるかを分析しています。

現代の私たちの人生にも、さまざまな場面で「勝負」が存在します。受験勉強、就職活動、ビジネス、人生、恋愛、結婚、子育てなど。『孫子』は約２５００年間、勝者を支える最高峰の戦略書であり続けています。

戦争の冷徹な原理を極めた『孫子』のエッセンスは、私たちの人生の大切な場面で、多くの示唆を与えてくれるはずです。

新装版では、孫武の戦略の結晶『孫子』をさらに新たな感覚で、わかりやすく理解・実感して頂けることと思います。

伍子胥の血塗られた復讐と孫武の活躍

孫武は兵法書『孫子』の作者と言われながら、生涯の史実は少なく、現在でも議論がなされている存在です。

司馬遷によって編纂《へんさん》された歴史書『史記』などによると、もとは楚という国の重臣の家柄の伍子胥《ごししょ》という人物が、政敵の讒言《ざんげん》で父と兄を殺されて呉に亡命したことが始まりです。

伍子胥は呉王の闔閭《こうりょ》に仕えたときに、孫武の著作を献上したのです。その才を認めた闔閭が、孫武を呉の将軍にします。

『孫子』の著者がはじめて歴史に登場した瞬間です。彼は紀元前506年、みごとな陽動作戦で数倍の規模の楚軍を撃破。さらに進軍して五戦五勝、10日で楚の首都を陥落させ、楚の昭王は逃亡します。

孫武は自らを推挙してくれた伍子胥の復讐を、みごとに果たしてみせたのです。

■現代の人間学としての『孫子』の効能

戦争という極限状態では、敗北は国家の滅亡、一家の離散、あらゆる悲劇を意味します。敗者はすべてを奪われ、勝者がすべてを手に入れます。

『孫子』はおもに将軍職を対象に書かれており、その立場は現代ビジネスならマネージャー職にあたります。

リーダーである人物が、会社や組織、チームの中でどのような活躍をすべきか。日本、海外を問わず経営者や管理職に『孫子』の愛読者が多いのは、単なる兵法ではなく、人間という存在への鋭い洞察が含まれているからでしょう。

人間の本質（相手のこともあれば私たち自身のことも指すのですが）、それを深く知る者ほど、人間で構成されたこの社会では多くの勝利と幸せ、そして富を手にしているのですから。

■孫武が現代に生きていたらどんな姿か

もし天才軍師の孫武が現代に生きていたら、どんな人物だったでしょうか。

想像ですが、快活に見えながら物静か、ときどき人と目を合わせることを避ける、伏し目がちなところもある男性だったのではないかと推測します。

彼は多くの古戦場を何度も歩いて観察したであろうことから、研究者よりもむしろ探検家のようなイメージだったかもしれません。人類の歴史上、最も多く読まれた戦略書を残した人物。本書を読み終えたころ、皆さんの中にも孫武のイメージが浮かび上がっていることでしょう。

■孫武が私たちに贈る最大のメッセージ

『孫子』は長い歴史で読み続けられた戦略書ゆえに、ある種の冷酷さが感じられます。同時に、その行間に、孫武の一つのメッセージが強く込められていることを感じられます。

「生き残れ、かならず生き残れ。そうすればチャンスは巡ってくる」

国家が滅亡すれば、再びのチャンスはありません。だからこそ、すべてを失う大敗北だけは、なんとしても避けねばならない。人生においても、決して100%の敗北はしてはいけない。そんなことをする必要もない。

勝てないなら、完全敗北を防ぐ。逃げることも一つの重要な選択肢。最後の最後に、あなたの前に訪れる勝機をつかめることが、何より大切なのですから。

鈴木　博毅

【図解】今すぐ使える！ 孫子の兵法 ◎ 目次

CONTENTS

CONTENTS

第5章 個人の能力ではなく、人間同士の結束力に目をむけよ

▼▼▼『孫子』に学ぶ 不敗のリーダーシップ

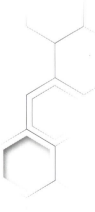

第1章

THE ART OF WAR

人生で大事なことは『孫子の兵法』がすべて教えてくれる

——『孫子』に学ぶ **現代社会のサバイバル術**

01 勝てる見込みがなければ逃げることに専念せよ

――『孫子』は「不敗」を一番大切なものと言った

勝てないときには「やめる勇気」をもて

兵法書は、戦争に勝つための道具です。だから、『孫子』には勇ましい言葉が満載だと考える人もいるかもしれません。

ところが実際には激烈な勇気を鼓舞するような言葉は、ほとんど出てきません。

なぜなら、『孫子』は「不敗」、つまり負けないことを一番大切だと考えているからです。

「戦争は国家の重大事であって、国民の生死、国家の存亡がかかっている。それゆえ、細心な検討を加えなければならない」

戦うのは有利なときだけ、勝利を100％確信できる状態のときだけです。

それ以外のときはどうすればよいのか？ 簡単です。

戦わない決断をし、やめる勇気を発揮して、逃げることに専念するのです。

不利なときのがむしゃらな勇気は、敵の餌食《えじき》になるだけと冷たく切り捨てます。

賭け事で不利だとわかっていながら大金を注ぎ込んでしまう。

事業でもう救いようがないと思いながら、自転車操業のため借金を重ねる。

終わった恋だと知りながら、思い出にしがみついて若さをムダにする。

みんな、戦わない決断ができず、やめる勇気を発揮しないことで敗北するのです。

「不敗」の人になるには自然体を否定する

では、どうすれば「不敗」の人になれるでしょうか。

それには、自分を変えることです。

自然体でいることは、誰でも心地よいものです。

「自分らしく生きる」「ありのままのあなたが素敵」「無為自然」。

耳に心地よい言葉は世の中に溢れています。

でも古代兵法家の孫武がこれを聞いたら、恐らく大笑いするでしょう。

負け組は、いつの時代も学ばないものなのだと。

オセロ（リバーシ）は、頭を使ううえに、慣れが必要なゲームです。ところが、オセロにもすでに確立した「定石（勝つ方法）」があります。

よい定石を学んで覚えた人は、多少賢い人が知識ゼロで戦う程度なら、赤子の手をひねる感覚で圧勝できます。

頭脳が優れた天才でも、定石を知らなければ凡人に簡単に負けるのです。

人の生まれ持った才能には、微々たる違いしかありません。

ありのままの人は弱いのに、優れた定石（勝つ方法）を身につければ圧勝できる。

これはアタマの良し悪しではなく、生き方の良し悪しです。

「ありのままの自分」が好きな人は、学ぶことを知りません。

勝ち組の理屈にも関心を持たず、自分らしく生きて負けることになるのです。

01 「不敗」の人になれば人生は輝く!

「敗北」する人

賭け事では……
不利だとわかっていながら大金を注ぎ込んでしまう。

事業では……
もう救いようがないと思いながら、自転車操業のため借金を重ねる。

恋愛では……
終わった恋と知りながら、思い出にしがみついて若さをムダにする。

●「ありのままの自分」が好きで勝つ方法を学ばない

「不敗」の人

キッパリ

100%勝てるときしか戦わない!

戦わない決断ができる人

やめる勇気を持てる人

逃げることに専念できる人

＋プラス

●優れた定石(勝つ方法)を身につけている

孫子ならどうする

情勢を見極め、やめる勇気が不敗につながる。まずは優れた定石を身につけるべし。

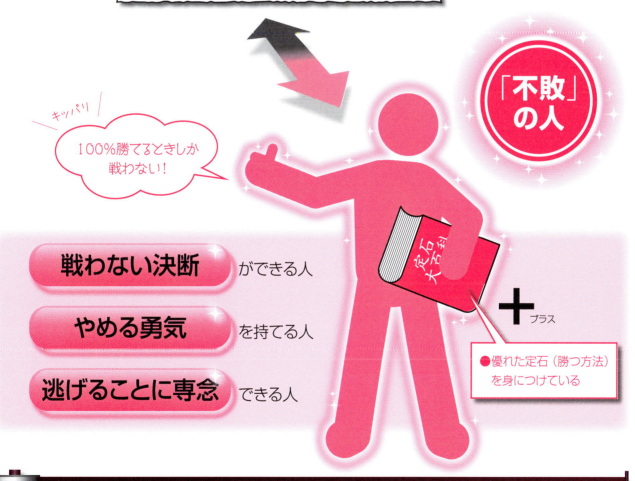

02

成功体験ではなく「失敗」に学びを求める

――戦いは「敵」を知ることから始まる

現代の〝敵〟とは、「あなたが新しく始めること」

現代の私たちは戦争をするわけではありません。でも「敵」は私たちの日常に必ず存在しています。

それは新しく、あなたが取り組み始めることそのものです。

受験勉強をするなら、それがあなたの「敵」です。

大学生活を始めるなら、それもあなたの「敵」です。

就職活動をするなら、それもあなたの「敵」です。

恋愛を始めるなら、それもあなたの「敵」です。

子育てを始めるなら、それもあなたの「敵」です。

新しく始めることを成功させることが、すなわち敵に勝つことなのです。

「敵を知り、己を知るならば、絶対に敗れる気づかいはない。己を知って敵を知らなければ、勝敗の確率は五分五分である。敵も知らず己も知らなければ、必ず敗れる」

新しく取り組む「敵」の、すべての情報を集めているでしょうか。

新しいプロジェクトの情報を限界まで集めているでしょうか。

結婚生活で大切なことを、努力して調べているでしょうか。

受験勉強なら、志望校の過去問だけでなく、合格した受験生の勉強法の共通点、学生生活の実際、大学の街の雰囲気、卒業生の進路などは、まず当然知っておくべきです。

自分を知るのは難しいかもしれません。でも、敵を知ることは決して難しくないのです。

他人の失敗に学び、同じ過ちを犯さない

人は運命を操れません。

神様ではないからです。

しかし大きな勝利は、運命で決まることが多いのです。

では、運命を操れない人ができることは何でしょうか。

すでに他人がやった失敗を避けることです。

「不敗の態勢をつくれるかどうかは自軍の態勢いかんによるが、勝機を見出せるかどうかは敵の態勢いかんにかかっている。したがって、どんな戦上手でも、不敗の態勢を固めることができるが、必勝の条件まではつくり出すことができない」

敵を知る、とは新しく取り組むことの情報を集めることです。

中でも、失敗談を集めることは重要です。他人のやった失敗を避けることに直結するからです。

たとえば、先輩営業マンに取引先の話を聞くとしたら、大口の受注に成功した自慢話の裏にある、これまでに発生したさまざまなクレームも聞いておくのです。

成功より失敗から学ぶことが多い、とはこのことを言うのです。

02 人は運命を操ることができない

できることは他人の失敗に学ぶこと

孫子ならどうする

新しく取り組むことの、情報をすべて集める。特に、他人の失敗談を重視せよ。

03

得るものより、失うものをイメージする

――呉王の逸話に学ぶ不安と恐怖の利用法

ネガティブ・インパクト（失う恐怖）のみが人を動かす

孫武は、呉王に招かれたとき、「試しに練兵を見せてくれ」と請われ、宮中の美女180人を集めて練兵をすることになりました。呉王は孫武の軍師としての実力を試したかったのでしょう。

孫武は隊を二つに分け、王のお気に入りの姫を二人、隊長にします。

合図について説明し、太鼓を実際に鳴らしました。

「右」（右へ向けの意味）

女たちはゲラゲラ笑い出します。

孫武は説明を何度も繰り返し、再び太鼓を鳴らしますが、美女たちはゲラゲラ笑うばかり。

孫武は言いました。

「さきほどは私の落ち度であったが、今度は違う。全員が号令をよく理解しているはずだ。号令通りに動かないのは隊長の責任である」

手にしたマサカリで二人の隊長を斬ろうとします。呉王はお気に入りの姫二人が斬られそうになるのを見て、「どうか斬らないでくれ」と頼みますが、孫武は「この部隊の将は私です。将が軍にあるときは、君命たりともお受けできないことがあります」と言うや、二人の隊長を斬り捨ててしまいます。

そして彼は次の美女を後任の隊長に任命し、太鼓を鳴らして号令しました。今度は、美女たちは整然と行動し一糸乱れぬ統率を見せたのです。

目標達成時をイメージし、それを失わない方法を考えよ

この逸話は、人は失うことにいかに敏感かを教えています。

孫武は「失うもの（命）」をまざまざとイメージさせました。だから美女たちは必死になったのです。

自動車免許の更新のとき、安全運転講習を受けることがあります。そこで見せられる物語風のビデオの内容は、悲劇のひとことです。幸せいっぱいの家庭を持つ人が、交通事故を起こして人を死なせてしまう。相手の遺族への膨大な賠償金、良心の呵責、家庭崩壊――ありとあらゆる大切なものを失い、どん底まで落ちていきます。なぜ、このような悲しい物語を選んでいるのか。

大切なものの損失を人が恐れ、行動に強い影響を与えるからです。

「無違反なら、免許の色がゴールドになる」と伝えても、人の心は動かせません。現状に満足していると、追加で何かを手に入れる動機は薄いからです。

元旦に立てる一年の目標リストが、たいてい達成できないのも「新しいことに手を伸ばす」という意識だからです。

〇〇をしたい、というポジティブなリストでは人生は変わりません。逆に、得るのではなく「失う恐怖」を意識すること。目標が叶った状態を思い浮かべ、それを失わない方法を考えるべきなのです。

03 失う恐怖が人を動かす（ネガティブ・インパクト）

孫子ならどうする

失うものをイメージすると、人はすぐに動く。失う恐怖と不安を利用して、自分を突き動かすべし。

04 行動の前に、過去の教訓を徹底して学ぶ

——準備なしでは勝てる戦も勝てない

敗者たちの歴史から不敗の極意を学べ

兵法書『孫子』は、多くの古代の戦闘を研究して生まれています。

孫武の負け組に対する分析力は、極めて鋭いものです。

『孫子』には「○○してはいけない」という記述がいくつもあります。

「次の地形からは速やかに立ち去り、けっして近づいてはならぬ。
「絶澗《ぜっかん》」——絶壁のきり立つ谷間
「天井《てんせい》」——深く落ちこんだ窪地
「天牢《てんろう》」——三方が険阻で、脱出困難な所
「天羅《てんら》」——草木が密生し、行動困難な所
「天陥《てんかん》」——湿潤の低地で、通行困難な所
「天隙《てんげき》」——山間部のでこぼこした所
このような所を発見したら、こちらからは近づかず、敵のほうから近づくようにしむける。つまり、ここに向かって敵を追いこむのである」

孫武が兵法書を書き上げたとき、過去の戦闘の結果を参考にしたのです。

その場所に近づき追い込まれて、実際に全滅した軍隊がいたのです。

過去はさまざまな教訓を含んでいます。中でも同じ業界や仕事での成功譚《たん》、失敗談は貴重です。

過去から教訓を学ぶ者は、『孫子』の言う「不敗」に一歩近づけるのです。

機会があるのに行動しない者も敗者であると心得よ

敵とは、あなたが新しく取り組みたいと思っていることです。敵を軽視するとは、これから取り組むことを軽く見ることです。

戦国時代では、敗者とは戦《いくさ》に負け、国を滅ぼされた者です。

しかし現代では、単なる失敗以外に、「何もしなかった敗者」もいます。

本来手に入るはずの成功を、行動しなかったことで失った人。

本来手に入るはずの愛情を、行動しなかったことで失った人。

本来手に入るはずの夢を、行動しなかったことで失った人。

失う恐怖と不安は、あなた自身を知ることにつながります。

「兵士の数が多ければ、それでよいというものではない。やたら猛進することを避け、戦力を集中しながら敵情の把握につとめてこそはじめて勝利を収めることができるのである。逆に深謀遠慮を欠き、敵を軽視するならば、敵にしてやられるのがおちだ」

やる気があるだけでは（兵の数が多いだけでは）、敵を倒すことはできません。

自分の力を集中させながら、敵をトコトン知ることが必要です。

あなた自身の過去の戦いを振り返ることも大切です。

そこに敗者の教訓があれば、まずはそれを避けるのです。

04 チャンスに向けて何もしなかった人も敗者となる

敵を知り過去の教訓に学ぶ。やる気だけでは成功はない

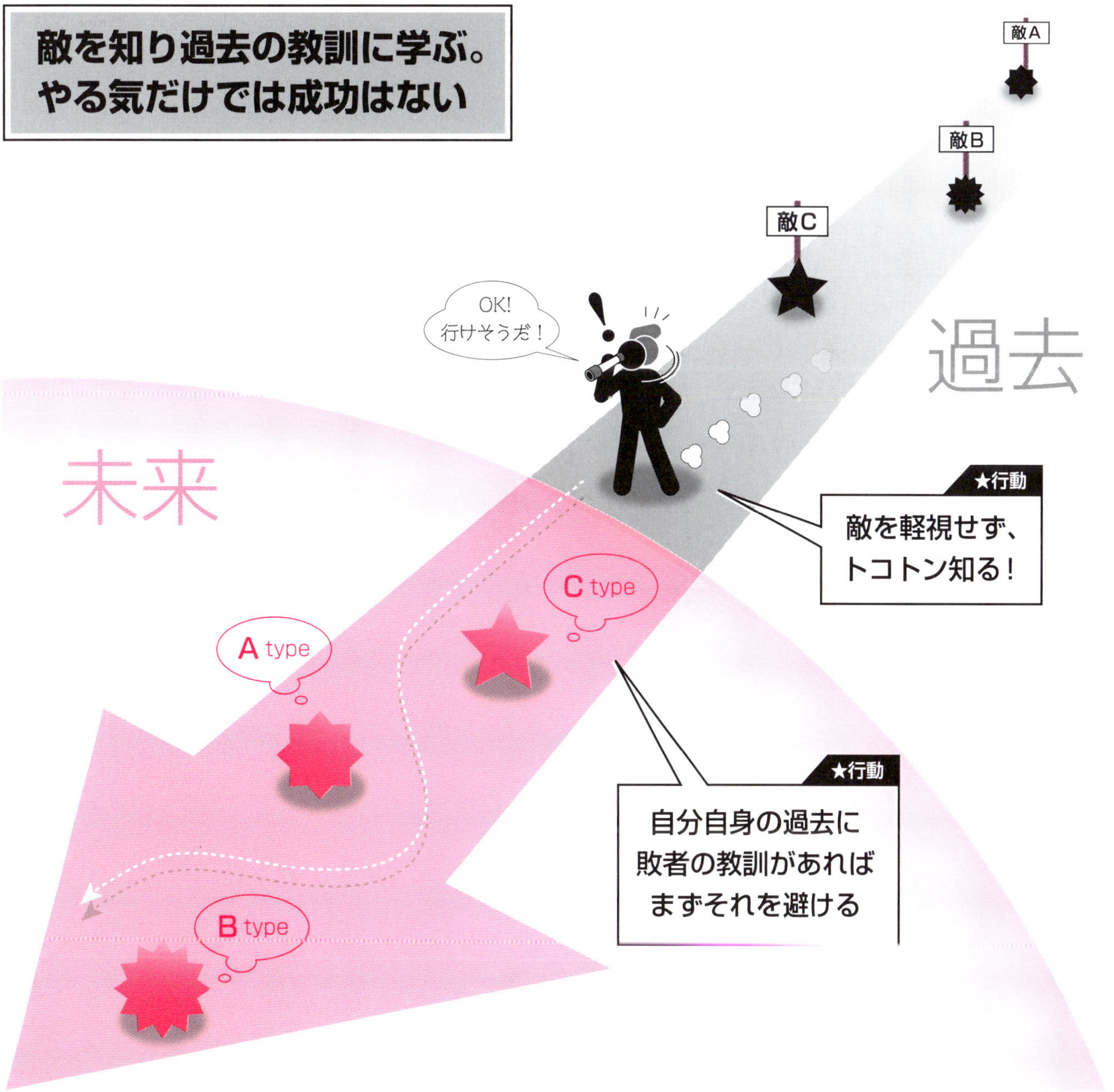

孫子ならどうする

歴史と自分の過去を振り返り、教訓とする。そして、勝利に向けて手を伸ばすべし。

05

安心が欲しいときこそ、新しいことに挑戦する

——『老子』と『孫子』に学ぶ「急がば回れ」の精神とは？

◆全体の8割は常に負け組である

『孫子』は、なぜ「不敗」を重視したのでしょうか。

それは、何も考えずにいれば、普通は負けるからです。

パレートの法則をご存じの方も多いでしょう。いわゆる「80：20の法則」として知られている事象です。

たとえば、売上の80％は、20％の商品、20％の顧客で構成されている。全体の中で優れているのは、常にたったの2割。勝者も2割だけです。

この、勝っている2割と、負けている8割の境界線をまず見抜くのです。

あなたがやりたいと思っていることで、成功している人は誰ですか。

成功している人はどこにいて、どんなことをしたから勝ったのですか。

勝者と敗者の境界線が見えなければ、2割に入ることは永遠にできません。

勝ち組の2割に入ったら、勝ち組の中のさらに上位2割を見つけるのです。

この繰り返しで、高みに上っていくことができるのです。

◆負け組の8割が、そこから抜け出せない理由を考えよ

不思議ですが、負け組である8割には不満が少ないものです。

理由は簡単です。

欲しいものに手を伸ばそうとしない人たちだからです。

逆に言えば、手を伸ばすより、今に満足するほうが簡単なのです。

勝ち組の2割はいつも不満を抱えています。

欲しいけれど、まだ手に入れてないものに向かっているからです。

達成が欲しいときは、未達成のストレスに耐える必要があります。安心を手にするには不安と対峙する必要があるのです。

急がば回れ、という言葉があります。

急いでいるのに遠回りしろ、とは不自然です。

中国古典の『老子』にも、似たような言葉があります。

縮めたければ、まず伸ばしてやる。
弱めたければ、まず強めてやる。
奪いたければ、まず与えてやる。

すべて、最初は求める結果と反対の道を選んでいます。

これは敵だけではなく、自分にも言えることです。

達成感が欲しければ、まず未達成のイライラに耐えるのです。

安心が欲しければ、不安に飛び込み克服するのです。

お金持ちになるには、まず貯蓄の苦しさを味わうのです。

ところが、安心感が欲しいとき、最初から安心を求めるのが負け組です。

不安な挑戦を避け、背伸びもせず、お酒などに逃避して安直な安心感に逃げ込むわけです。

05 8割の負け組が負け組に留まる理由を見抜く

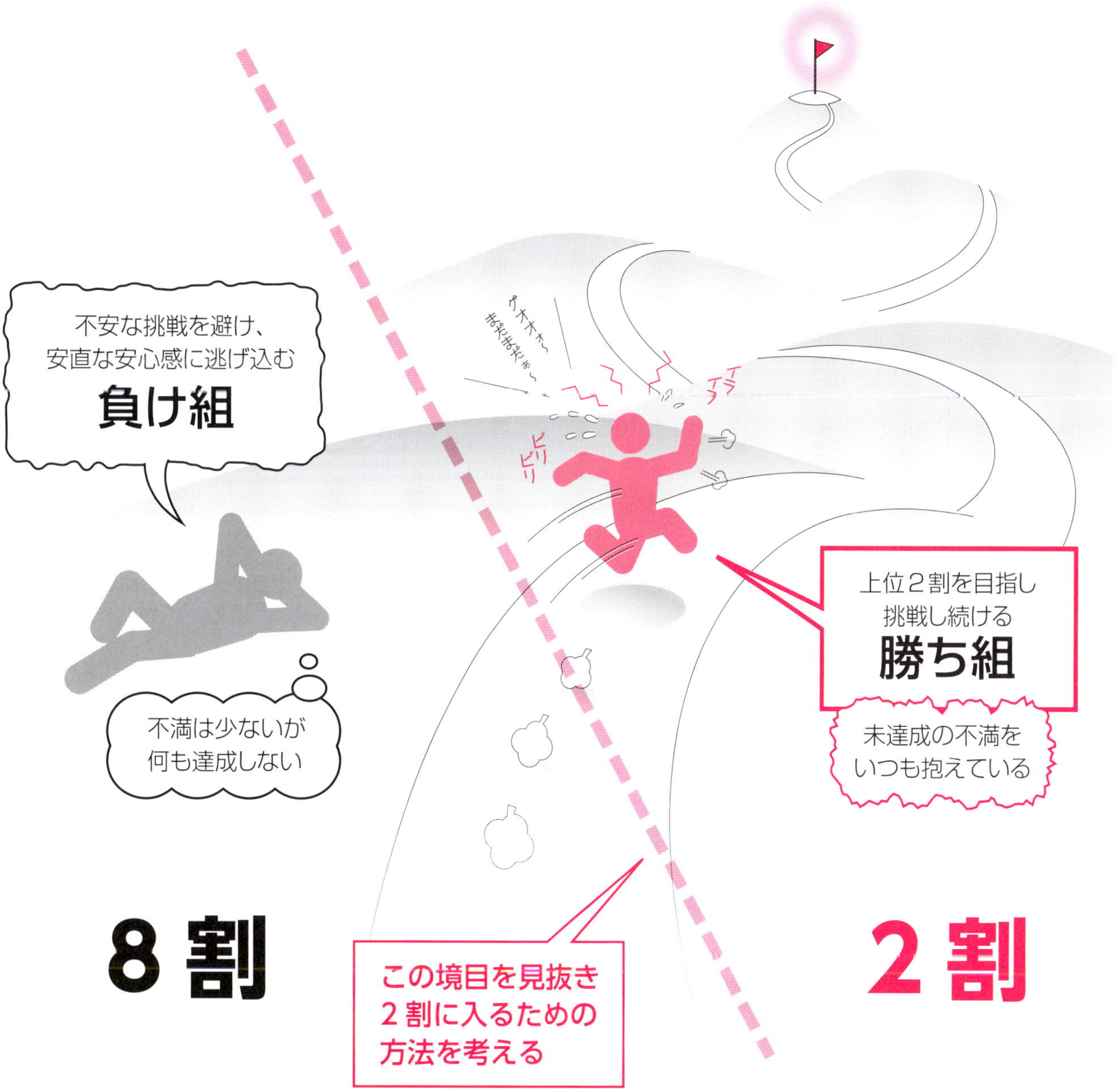
不安な挑戦を避け、
安直な安心感に逃げ込む
負け組
不満は少ないが
何も達成しない
グオオオ〜
まだまだぁ〜
ピリピリ
イライラ
上位2割を目指し
挑戦し続ける
勝ち組
未達成の不満を
いつも抱えている
8割
この境目を見抜き
2割に入るための
方法を考える
2割

孫子ならどうする

勝者と敗者の境界線を見極める。
勝者になりたければ、手に入れたいものの、
逆をまず味わうべし。

06

チャンスを確実にモノにする五原則

――負けが確定している戦いに挑むことの無意味

◆勝負に出るなら勝つ条件を一つでも増やせ

挑戦することはすばらしいことです。

ただし結果が出るならば。

参加することに意義がある、などと言えば孫子は鼻で笑うでしょう。

兵法家からすれば、負けが決まっている挑戦ほど馬鹿なことはないからです。

しかし、挑戦も必要なのは事実です。不敗とは、一生硬い殻に閉じこもることではありません。

本来手に入るものを失っているなら、それもまた負けだからです。

「勝利の見通しが立つのは、勝利するための条件がととのっているからである。逆に、見通しが立たないのは、条件がととのっていないからである。条件がととのっていれば勝ち、ととのっていなければ負ける。勝利する条件がまったくなかったら、まるで問題にならない」

戦うのであれば、勝つ条件を少しでも多くすることです。

勝負をかける前に、勝つ条件を一つでも増やすことが『孫子』の流儀なのです。

◆勝つために不可欠な五つの条件

勝利の目算を立てるには五つの条件があります。

まずは、簡単に五つの条件を説明しておきましょう。

「一、彼我の戦力を検討したうえで、戦うべきか否かの判断ができること」

あなた自身の能力と、取り組む対象の情報を把握しているでしょうか。

「二、兵力に応じた戦い方ができること」

今の自分の実力に応じた戦いをする準備はできているでしょうか。無謀なビジネスを始めようとしていないでしょうか。

「三、君主国民が心を一つに合わせていること」

「国民」＝あなたの周りの人たちとの関係です。目標を共有する仲間はいますか？

「四、万全の準備を整えて敵の不備につけこむこと」

万全の準備とは、チャンスを逃さない準備。すなわち、チャンスが目の前にないときも、備えを怠らないということ。そこまでの準備ができていますか？

「五、将軍が有能であって、君主が将軍の指揮権に干渉しないこと」

現代においては、事業の仲間、パートナーとの関係だと考えればいいでしょう。

有能な「将軍」＝パートナーを選ぶことができていますか？　その人材が、実力を100％発揮できる状況を用意できていますか？

以上、五つの条件を満たすなら、戦う前からあなたの勝率は上がるのです。

では、五つの条件を満たすために、具体的にどのようなことを考えればいいのでしょうか。どんな行動が必要でしょうか。

それについては次項で見ていくことにしましょう。

06 『孫子』の説く勝利の５条件——戦う前に勝っておく

一、彼我の戦力を検討したうえで、戦うべきか否かの判断ができること

あなた自身の能力と、取り組む対象の情報を把握しているか

二、兵力に応じた戦い方ができること

今の自分の実力に応じた戦いをする準備はできているか

三、君主国民が心を１つに合わせていること

目標を共有する仲間はいるか

四、万全の準備を整えて敵の不備につけこむこと

チャンスが目の前にないときも、備えを怠らないということ。そこまでの準備ができているか

五、将軍が有能であって、君主が将軍の指揮権に干渉しないこと

有能なパートナーを選べているか。その人材が、実力を100％発揮できる状況を用意できているか

孫子ならどうする

戦う前に勝負は決まる。
勝利の５条件を充実させるべし。

07

戦闘シーンを思い描いて徹底的に準備する

——『孫子』に学ぶ「勝利の五条件」を整える極意

◆まずは「自分」と「敵」を知ることから始めよ

「一、彼我の戦力を検討したうえで、戦うべきか否かの判断ができること」

本当にそれは、あなたが始めるべきことか検討することです。

自分の能力は十分か。取り組む対象の情報を完全に把握しているか。それを行うことで狙うだけの利益があるか。

目的はあくまで勝利であり、戦いを始めることではありません。

たとえばフランチャイズに加盟する場合、加盟することが目的ではなく、儲けることが目的のはず。自分に向いているビジネスなのか、加盟する先の情報を限界まで集めたか。答えがYESでない場合、始めたことを大きく後悔するでしょう。

「二、兵力に応じた戦い方ができること」

戦い方とは、現代で言えば「始め方」にあたります。

いきなり会社を辞めて、経験ゼロのビジネスを始めてはいけません。あなたがそのリスクを負えないなら、破滅の危険があるからです。

同じビジネスをしている会社にまず転職してみる、ビジネスパートナーを見つける、週末起業のように副業で始めることもできるはず……と、始め方の工夫をこらすほど、敗北の確率を減らすことになるのです。

◆有能なパートナーを選び、実力を発揮させよ

「三、君主国民が心を一つに合わせていること」

現代では「君主と国民」の関係などほぼありません。「国民」とはあなたの周りの人たちです。

心を一つに合わせるとは、同じ目標を持つ味方を生み出すこと。周りを、目標を共有してくれる仲間にしてしまうこと。あなたを応援してくれる、ファンになってもらうのです。周囲に憎まれ、足を引っ張られるなら、どんな勝負も分が悪いものです。

「四、万全の準備を整えて敵の不備につけこむこと」

万全の準備を整えるとは、常に備えを続けること。チャンスが目の前にないときも、準備をしておくのです。

敵の不備とは、新たに始めることの中にチャンスを見つけること。今、あなたが始めることで有利になる点が発見できた瞬間です。チャンスの扉が開く前に準備したあなたが、勝利に一番近いのです。

「五、将軍が有能であって、君主が将軍の指揮権に干渉しないこと」

将軍と君主の関係は、事業の仲間、パートナーと言い換えることが適切です。

まず何よりも有能な人物をパートナーに選ぶこと。次にその相手が、実力を100%発揮できる状況にすることです。

干渉しない（放任）だけが手段ではありません。相手の実力を引き出せるなら、どんな方法でもよいのです。

大切なのは、あなたの行動が相手の実力発揮を妨げないことです。

07 勝利の5条件の整え方

一、彼我の戦力を検討したうえで、戦うべきか否かの判断ができること

具体例

●本当に自分に向いているビジネスなのか、取り組む対象の情報を限界まで集める

二、兵力に応じた戦い方ができること

具体例

●始め方の工夫をこらすほど、敗北の確率を減らすことになる

三、君主国民が心を1つに合わせていること

具体例

●同じ目標を持つ味方を生み出し、周りにあなたのファンになってもらう

四、万全の準備を整えて敵の不備につけこむこと

具体例

●チャンスの扉が開く前に準備しておく

五、将軍が有能であって、君主が将軍の指揮権に干渉しないこと

具体例

●有能な人物をパートナーに選び、その実力を100%発揮できる状況にする

孫子ならどうする

事前に勝負を具体的にイメージする。
妥協せずに「勝つ条件」を積み重ねよ。

08

幸運に頼った生き方をしてはならない

——勝つことが当たり前になる世界を目指す

少ないコストと労力で、大きな目標の達成を狙う

現代に生きる私たちは、孫武のように戦争の指揮はしません。

しかし敵や戦いは、私たちの日常に形を変えて溢れています。

「敵」とは、新しい取り組み、始める物事です。

「戦い方」とは、始める際の方法です。「戦うこと」とは、時間、労力、資金をものごとに注ぎ込むことです。

一回戦うたびに、私たちは時間や労力、資金を投入しているのです。

仕事も戦いです。受験も戦いです。恋愛も戦いと言えるかもしれません。

『孫子』は戦うこと自体をリスクだと考えています。

結果が得られなければ、自軍が消耗するばかりだからです。

「百回戦って百回勝ったとしても、最善の策とはいえない。戦わないで敵を降服させることこそが、最善の策なのである」

ビジネスでは特に、必要資金と労力が少ないほど、勝率が高まります。

大きな工場跡の建物で、ホームセンターが営業を始める時代です。

居抜きなら、投資が少なくてすむからです。

小さな資金と労力で、大きな目標達成を狙うことが重要です。

流行のクラウドファンディングも、戦いを避けた目標達成法の一つです。

次はより小さな資金、さらに短い時間、少ない労力で達成する。

そうすることは、戦わずに勝つ道に一歩近づくことなのです。

幸運に頼らず「負けない」ための準備をせよ

戦わずに勝つのが最善だとすると、どうしても戦わなければならない場合には、確実に勝たなくてはいけないのは当然のことです。

だからこそ、『孫子』は「不敗」を重視します。そして、「不敗」とは、幸運に頼らない態勢を創り上げることです。

正しい勝負を選んでいるほうが勝つ。

常に準備をしているほうが勝つ。

始め方に工夫をするほうが勝つ。

味方をしてくれる人が多いほうが勝つ。

優れた軍師がいるほうが勝つ。

世の中は、意外に当たり前のことしか起こりません。

「あらかじめ勝利する態勢をととのえてから戦う者が勝利を収め、戦いをはじめてからあわてて勝機をつかもうとする者は敗北に追いやられる」

勝負は、負け組が考えるずっと前から始まっているのです。

負ける側が、必要性に気づいた頃には、勝ち組はすべての準備を終えている。

これで勝負を始めたら、後者が勝つのは当たり前でしょう。

08 戦わずに勝つにはどうしたらいいかを考える

準備あり

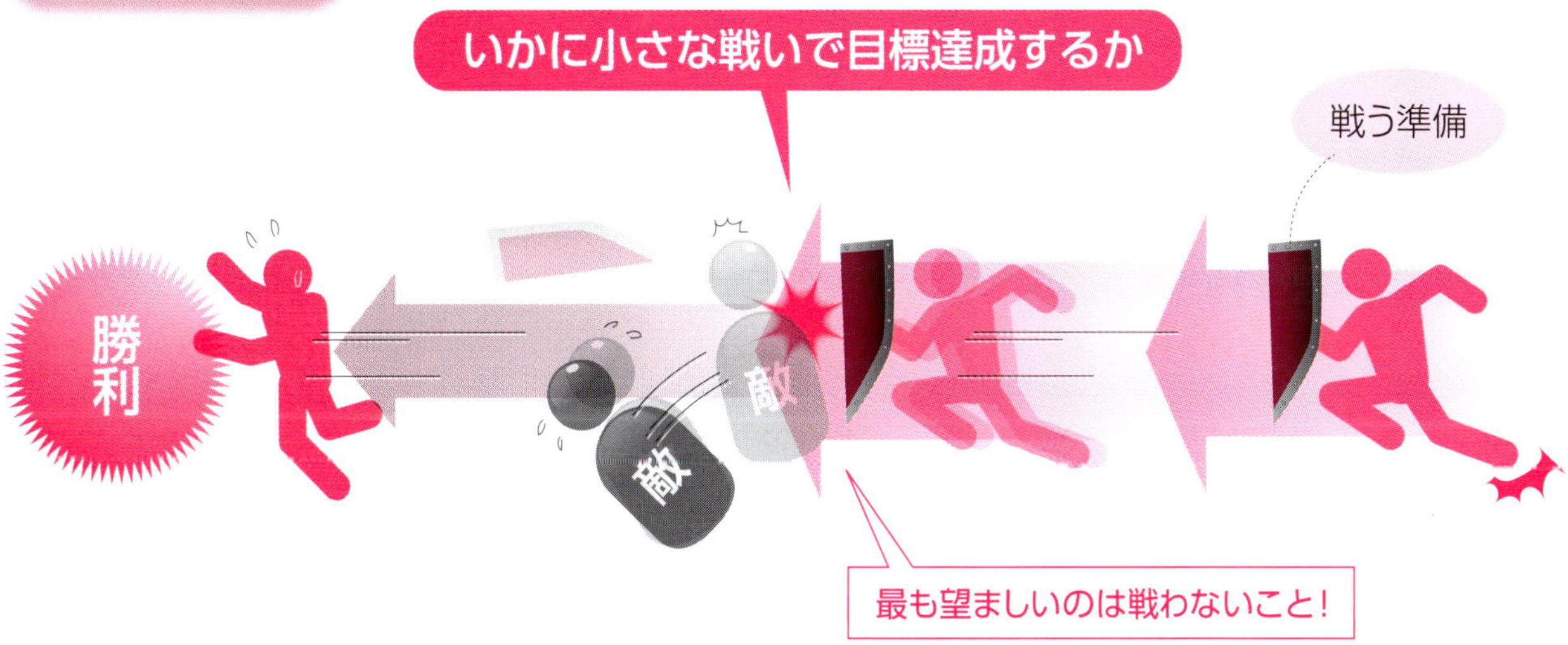

準備なし

孫子ならどうする

より早く準備するならば、奇跡や幸運なしに勝てる。しかし、戦わずに勝つことこそ最善と心得よ。

09

「努力が必要なくなる」ための方法を考える

――「激戦の末、勝つ」がダメな理由を『孫子』に学ぶ

◆努力の汗が見える時点で、二つのことを間違えている！

汗をかき必死で仕事をしていると「あいつ頑張っているな」と思われます。

ところが、孫武が上司なら「努力の汗が見える時点で失格だ」となるでしょう。

「毛を一本持ちあげたからといって、誰も力持ちとは言わない。太陽や月が見えるからといって、誰も目がきくとは言わない。雷鳴が聞こえたからといって、誰も耳がさといとは言わない。（中略）それと同じように、むかしの戦上手は、無理なく自然に勝った。だから、勝っても、その智謀は人目につかず、その勇敢さは、人から称賛されることがない」

なぜ、孫武はあからさまな努力を否定するのか。

理由は二つあります。

一つは、最初から問題が起きないようにすべきだから。仕事で問題があるから、対応で奮闘する必要があるのです。問題を起こさないことを徹底すれば、汗もかかずに涼しい顔です。

二つ目は、始める前に大差をつけておくべきだからです。

横綱と小学生が相撲をとれば、あっけなく横綱が勝ってしまいます。そこには何の興奮も、驚きもありません。努力が見えるのは、問題と自分の実力が伯仲しているからです。それでは戦い方のレベルが低いのです。

これなら売れるのも当たり前、という商品があります。

営業努力なしで売れるのは、製造段階で圧倒的な魅力をつけたから。

戦う前から大差を準備したのですから、あっさり勝つのも当然なのです。

◆相手を味方に引き入れたら、負けはありえない

勝つことが当たり前になる世界。そこにはもう一つ別のドアがあると『孫子』は言います。

戦わず、相手を味方に引き入れる戦略です。

「相手を傷めつけず、無傷のまま味方にひきいれて、天下に覇をとなえる」

あなたのビジネスをサポートします、という会社があるとします。

その会社は、あなたの味方になることで収益を挙げています。でも、その会社はお客様に自社のぶんも戦ってもらっているのです。

小売りのコンビニ・フランチャイズも典型的な味方ビジネスです。加盟店にお金を投入してもらい、自社製品を販売してもらう。戦うとは「時間・労力・お金を投入すること」ですから、日本全国のライバルを味方に引き入れて天下を目指して共に戦うわけです。

味方にするとは、相手の「時間・労力・お金」のいずれかを投入してもらうこと。

味方が多ければ多いほど、あなたは天下に近づきます。

09 レベルの高い勝ち方を目指す

●ビジネスサポート
●コンビニのフランチャイズ　等

孫子ならどうする

レベルの高い勝ち方を目指す。努力をみせるべからず。ライバルを味方にせよ。

COLUMN 1

孫武とは何者だったのか？

『孫子』の作者である孫武は、生涯の史実が少なく、現在でも議論がなされている存在です。本書冒頭（2～3ページ）でも述べましたが、司馬遷によって編纂された歴史書『史記』などによると、もともとは楚という国の重臣の家柄の伍子胥《ごししょ》という人物が、政敵の讒言《ざんげん》で父と兄を殺されて呉に逃亡したことが始まりです。伍子胥は呉王の闔閭《こうりょ》に仕えた際に、孫武の著作を献上し、その才を認めた闔閭が、孫武を呉の将軍にしたのです。孫子の著者がはじめて歴史に登場した瞬間です。

孫武は呉の将軍として、伍子胥とともに呉の国力を高め、強国に仕立てていきます。

紀元前506年、呉と楚は柏挙《はくきょ》で戦闘を行い、孫武のみごとな陽動作戦により数倍の規模を持つ楚の主力軍を撃破、さらに進撃して五戦五勝、10日で楚の首都を陥落させ、楚の昭王は逃亡します。孫武は自らを推挙してくれた伍子胥の復讐を果たしたのです。

ところが、楚を攻めていた呉を、隣国の越が襲撃し、呉軍は急遽本国への帰還を迫られます。また秦の軍勢が楚の救援に駆けつけて、楚は滅亡を免れます。

呉王闔閭は、孫武が止めるのも聞かず、越に戦いを仕掛けますが、越の名臣范蠡《はんれい》の奇策に敗れ、その時の怪我がもとで亡くなります。しかし伍子胥と孫武は闔閭の子である夫差《ふさ》を支え、のちに越との戦闘で大勝。孫武が呉で手腕を発揮した時代、呉は周辺諸国に睨みを利かせる大国となりました。

ところが以降は、孫武の歴史上の記録はなく、彼のその後の足取りはわかりません。

一説には呉政府内で讒言されたことで、自ら辞職をした、あるいは呉を離れて隠棲《いんせい》し、兵法書の執筆を行ったなど諸説があります。

歴史をよく知る方の中には、三国志の英雄、曹操が『孫子』を愛読し、注釈書まで書いたことをご存じの方もいるでしょう。彼は魏の幹部将軍たちに、自ら注釈を書いた『孫子』を配布しており、教育に使用していたのです。

20世紀では、中国の毛沢東のほか、イギリスの軍事研究家、リデル・ハートにも『孫子』は強い影響を与えています。

孫武が現役を引退したのは約2500年前。にもかかわらず、これほど長期間研究が続けられているのは、彼の書に何らかの普遍的な真理が含まれているからでしょう。

その優れた戦略は多くの軍人たちに愛読され、戦場の劇的な勝利を生み、孤独と戦いながら道を切り拓いて、ビジネスで成功した経営者の傍らにあったのです。

『孫子』は2500年間、勝者を生み出し続けた最高峰の戦略書なのです。■

第2章

失敗する要素、負ける要素を徹底して排除する

──『孫子』に学ぶ **人生の不安軽減術**

10 不測の事態に備え、二の手、三の手を用意しておく

──『孫子』の考える「もろい人間」とは？

◆「何か」に依存する生き方はやめよ

依存する者は、敗者となる。

これは『孫子』に貫かれた重要な法則の一つです。

依存とは難しい言葉かもしれません。

簡単に言えば「すべてが都合よくいった場合」を前提としていることです。

「戦争においては、敵の来襲がないことに期待をかけるのではなく、敵に来襲を断念させるような、わが備えを頼みとするのである。敵の攻撃がないことに期待をかけるのではなく、敵に攻撃の隙を与えないような、わが守りを頼みとするのである」

「敵の来襲がないことに期待をかける」のは、こちらの願望にすぎません。都合のよい願望に、自国の平和が依存しているのです。

相手に依存した平和は、崩れやすい。

依存が多い計画ほど、崩れやすい。

依存が多い人生ほど、崩れやすい。

この会社をクビになったら、食べていけない、というのは、現在の会社に依存していることになります。

『孫子』の考える「もろい人間」は、次の特徴を持ちます。

◉依存していることが多すぎて、勝利まで辿り着けない人

◉勝算を高めず、希望的観測ばかりする人

少しでも予想外のことが起きればすぐ瓦解《がかい》する。依存が多いとは、そういう状態です。

『孫子』は、相争う戦国時代に生き残るための書です。だから「依存するもろさ」を徹底的に嫌います。『孫子』が目指す「不敗」「盤石さ」から、一番遠い存在だからです。

◆不測の事態への対策を怠らない

たとえば、あなたが野外のイベントを計画していた場合。

当日の天気が運よく晴れならば、何の問題もありません。

しかし雨が降れば、どうなるか？

雨天の対策がなければ、イベントは開催できず失敗です。

予備会場などの対策があれば、その心配はありません。これは「天気への依存」を脱却した状態です。

あるいは、「地震が来なければ、安全な家です」という売り文句の家に、誰も安心して住めません。

住人の安全は「地震が来ない」という幸運（偶然）に依存しているからです。

人生は運がよいときばかりではありません。

想定外は、一番起きてほしくないときに起きる。

『孫子』は依存を嫌うからこそ「不敗」なのです。

『孫子』なら、雨になった場合への対策を怠ることはありませんし、「雨も趣があってよいものじゃ」と微笑んでいられます。

晴れに依存していたイベント会社は、膨大な損失に頭を抱えることになるでしょう。

10 「不敗」で大切なのは依存からの脱却

もろい人間
依存している
ことが多く
勝利まで
辿り着けない
勝算を高めず
希望的観測
ばかり
予想外のことが
起きるとすぐ瓦解
不敗、
盤石さから
最も遠い存在
依存
例 野外イベント ----▶ 天気に依存

孫子ならどうする

想定外のことが起きても、目的を達成できる手配をしておく。依存するもろさを徹底して避けよ。

11 遅刻のリスクがあるなら前泊して事に臨む

――『孫子』が説く「もろさ＝依存」を排除する五つの方法

遠方への出張に、絶対に遅刻しない方法

重要な会議のため、電車や飛行機を乗り継いで遠方に出張するとします。

朝5時に起床。始発の電車に乗り、飛行場まで定時に着いて……といった計画だと、寝坊や交通機関の遅延がなく、すべてが想定通りの場合のみ、打ち合わせに間に合います。つまり、

◉朝5時に必ず起床できること
◉始発の電車に必ず乗ること
◉飛行機が天候などで遅延しないこと
◉飛行場からの経路も渋滞しないこと

……といった依存があり、一つでも予定が狂ったら、重要な会議に遅刻します。

『孫子』ならこのようなスケジュールは、絶対に立てないでしょう。

前日には現地へ移動し、相手先から一番近いホテルに前泊する。当日の移動は、徒歩で取引先まで歩くのみ。

これなら大雪が降ろうと、台風になろうと必ず約束の時間に到着できます。前日に、移動のリスクをほぼ解消しているからです。

大雪なら遅刻も仕方ない、と相手は言うかもしれませんが、そう言いながら、あなたのリスク管理能力を大いに疑うはずです。

「敵より先に戦場におもむいて相手を迎え撃てば、余裕をもって戦うことができる。逆に、敵よりおくれて戦場に到着すれば、苦しい戦いをしいられる」

五つの方法で依存を排除して盤石さに変える

依存の排除は、もろさを盤石さに変えること。依存排除の五つの方法を列挙します。

①万一の場合に別案を準備しておく

野外のイベントなら、雨が降った場合の会場を用意しておくことは、万一の別案です。事前の予測が外れても、目標を達成できるようにするのです

②前日までにリスクを限界まで解消しておく

遠方への出張の事例では、前日に移動リスクを解消していました。勝負の前に解消できるリスクは消しておきましょう。

③目標を複数持ち、並行して追いかける

単一の目標にすべてを賭けると、一つの成功に依存することになります。「難関試験に受かればバラ色の人生」といった考え方は危険です。単一の目標への依存は、落胆の多い人生につながるからです。

④早く着手して、リスクを事前にあぶり出す

プロジェクトのリスク管理の基本は、早く着手すること。失敗と予想外を、早めに体験できるからです。ぎりぎりで動き出すと、失敗を許容することができません。

⑤いくつもの強みを育てておく

ヒット商品が一つだけの会社は、やがて潰れます。どれほどの人気商品でも、時代は移り変わるからです。

企業も人も、一つの強みに依存することは危険。複数の強みを育てておけば、次の変化を乗り越えられるのです。

11 依存を排除する5つの方法とは?

1 万一の場合に別案を準備しておく
◎事前の予測が外れても、目標を達成できるようにする

2 前日までにリスクを限界まで解消しておく
◎解消できるリスクは勝負の前に消しておく

3 目標を複数持ち、並行して追いかける
◎単一の目標への依存は、落胆の多い人生につながる

4 早く着手して、リスクを事前にあぶり出す
◎ぎりぎりで動き出すと、失敗を許容することができない

5 いくつもの強みを育てておく
◎複数の強みを育てておけば、次の変化を乗り越えられる

重要な会議で遠方に出張する場合……

●依存型の予定 ……すべてが想定通りの場合のみ、会議に間に合う

朝５時起床（リスク） → 始発の電車に乗る（リスク） → 飛行場まで定時に到着（リスク） → 飛行場からタクシーに乗る（リスク） → 会場に到着

●リスク管理型の予定

前日には現地へ移動し、会場から一番近いホテルに前泊 → 会場に到着

孫子ならどうする

もろさを盤石さに変えれば、不敗に近づく。
５つの方法で依存を排除せよ。

12

「たぶん大丈夫」という甘い判断をしない

——希望的観測という無謀な賭け

◇能力が低い者ほど、自分を過大評価する

悲惨な事故は、たいていポジティブな予測から生まれます。

「あの角からは誰も出てこないだろう」「この程度の疲れなら、休憩せずに走れるだろう」「この程度の雨ならスピードを出しても大丈夫」……結果として大事故を起こし、命を失うか、奪う側になってしまいます。

予測には二つの方法があります。

一つは、事故が起こらないと考えて行動すること。

二つ目は、事故が起こるかもしれないと考えて行動すること。

起こらないと考えて行動すると、事故の確率はぐっと高くなります。

◉あなたの運転技術は、平均レベル以上か？

◉あなたは人のよいところ、悪いところを見分ける能力が平均以上にあるか？

◉あなたの仕事上の成績は、会社全体で上位半分に入っているか？

このような質問には、80％から85％の人がYESと答えると言われています。しかし全員が平均以上になれるわけがありません。

たいていの人は、自分について非現実的なほどポジティブなのです。また、成績の悪いグループほど、自分を過大評価するといわれています。

「戦争指導にすぐれた君主は、まず政治を革新し、法令を貫徹して、勝利する態勢をととのえるのである」

勝つ能力を備えている者ほど、多くの準備が必要と考えているのです。

希望的観測をする人は、準備をおろそかにする危うい人だと言えるでしょう。

◇多面的に比較検討をして冷静かつ客観的に判断する

いかに客観的に正しい評価を下すか。『孫子』はその点、興味深い発想をしています。

それは一点だけで相手と自分を比べるのではなく、複数の点で比較することです。孫武は「兵は国の大事（重大ごと）」と述べています。

戦争を始めるのに安易な希望的観測はありえません。そこで、「君主の政治」「将帥の能力」「天の時と地の利」など、全部で七つの基本条件に照らし合わせて、彼我の優劣を比較検討し、戦争の見通しをつけるというのです。

「あなたの仕事上の成績は、会社全体で上位半分に入っているか？」

この質問の答えを出す際にも、同様に、多面的に考えてみましょう。個人としての売上成績、指導している部下の成績、部署の勢いへの影響、上司の力、会社の長期的戦略への貢献……と、最低でも七つを目安に基本条件を洗い出し、周囲との比較をしてみます。すると、単なる感情論とは異なる判断ができます。

重要項目を多面的に検討すると、冷静さと客観性を取り戻せるのです。

12 ポジティブな予測は危険だと心得る

孫子ならどうする

自己を過大評価せず、多くの準備を行う者が勝つ。表面的な比較や感情論ではなく、多面的に優劣を比較せよ。

13

人生を成功に導く現代版チェックリスト

――『孫子』が説く戦争に勝つ算段の思考モデルとは？

◆『孫子』の時代の思考モデルを現代に活用する

比較検討では、これまでの感覚や思い込みに頼ると危険です。

根拠のない希望的観測は、視野の狭さから生まれやすいのです。

『孫子』が列挙する条件とは、ある種の優れた思考モデルです。

その内容を検討することで、勝算が高まるようにできているのです。

「戦争の勝敗は、次の要素によって決定される

国土の広狭
資源の多寡《たか》
人口の多少
戦力の強弱
勝敗の帰趨《きすう》

つまり、地形にもとづいて国土の広狭が決定される。国土の広狭にもとづいて資源の多寡が決定される。さらに、資源の多寡が人口の多少を決定し、人口の多少が戦力の強弱を決定する。そして、戦力の強弱が勝敗を決定するのである」

これは『孫子』の時代の「戦争に勝つ算段」の思考モデルです。

チェックリストが正しいほど、戦争の見通しが正確になります。

戦争の勝利には資源を増やし、人口を多くすることが重要とわかります。

当然、現代のビジネスマンにはこのリストはそのまま使えません。

仕事の勝算を確実に高めるチェックリストをつくりましょう。

リストによって、優れた思考モデルを導入することができるのです。

◆幸運を期待しない者が、最も確実な勝者になれる

人は自らにうぬぼれる傾向があり、自分を特別だと思っています。

物事を判断するとき、自分の浅い経験と思い込みに頼る。

結果、希望的観測で勝負を行い、負けていく。

「戦いをはじめてからあわてて勝機をつかもうとする者は敗北に追いやられる」

幸運を期待する時点で、負ける側に立っているのです。

『孫子』は敵を知り、己を知ることを勝者の条件としました。

『孫子』の描く勝者は、幸運を期待しません。自己を過大評価せず、複数の点で勝算があれば勝てるからです。心のどこかで幸運を期待するとき、戦う前から危険な状態なのです。

さらに『孫子』は、「あいつが頑張ってくれるのではないか」といった優れた誰かへの期待もしりぞけます。

「戦上手は、なによりもまず勢いに乗ることを重視し、一人ひとりの働きに過度の期待をかけない」

自己への過信、他人への期待。それらは、勝つ条件をととのえていないことの証明でもあるのです。

13 幸運に頼らず、チェックリストで冷静に判断する

『孫子』時代の「戦争に勝つ算段」

✓	国土の広狭	✓	戦力の強弱
✓	資源の多寡	✓	勝敗の帰趨
✓	人口の多少		

●現代なら……

✓	予算
✓	仲間（社員数）
✓	メンバーの能力
✓	メンバーのやる気
⋮	⋮

孫子ならどうする

勝敗は、勘ではなく「思考モデル」で厳密に見極める。自分であろうと他人であろうと、個人の力に過度に依存すべからず。

14

理不尽な状況下でも怒りに身を任せない

——呉国滅亡に学ぶ「短絡的な怒り」の愚かさ

◇怒りで身を滅ぼした孫武の元上司

孫武を呉の国にリクルートしたのは伍子《ごし》胥《しょ》という人物です。

彼は楚の人でしたが、家族を楚王に殺されて呉に逃亡していました。呉の重臣となり楚と戦い、孫武の助けもあり大勝したのです。

その後、孫武は呉を離れますが伍子胥は重臣のままでした。

呉王の夫差《ふさ》は、勝利に慢心し、やがて謙虚さを失い始めます。

そんな主君に怒った伍子胥は、強く諫言《かんげん》を続け、ついに、王の逆鱗《げきりん》に触れてしまいます。自ら命を絶つことを命令されたのです。

こうして伍子胥を失った呉国は、無理な拡大政策で衰退していきます。

最後は、越との戦争に負け、夫差も自ら命を絶ち呉は滅亡したのです。

王の慢心に国の危機を見出した伍子胥は優秀な人物でしたが、激情の人でした。激しい怒りとともに、彼は正しいことをしようとしたのです。

たった一つ、彼には足りないところがありました。王を説得する方法を、複数の形で試さなかったことです。

◇「怒りに任せた行為は身を滅ぼす」と心得よ

伝説では、孫武は勝利のあと呉から出国しています。

伍子胥と呉王の悲劇の前に、姿を消していたのです。

孫武は、怒りについてどのように書いているでしょうか。

「王たる者、将たる者は怒りにまかせて軍事行動を起こしてはならぬ。状況が有利であれば行動し、不利とみたら中止すべきである。怒りは、時がたてば喜びにも変わるだろう。だが、国は滅んでしまえばそれでおしまいであり、人は死んでしまえば二度と生き返らないのだ」

怒りは人を短絡的にします。激しい怒りの感情は、選択肢を見えなくさせてしまうのです。

たった一つの道しか見えず、他の可能性に目が向けられない。

中止すべきことを、あまりの怒りに任せて強行してしまう。

感情的になっているので、他の手段を思いつくことができない。

『孫子』は、怒りは時間がたてば喜びに変わることもあると言います。

しかし国は滅べばおしまいであり、人は死ねば生き返りません。

上司への意見、顧客との対決など、たとえ自分に理がある場合でも、それによって仕事を続けられなくなってしまっては意味がありません。

行うべきか、やめるべきかは状況が決めることです。怒りに任せて判断すれば、国は滅び、命（社会的な生命である場合もあります）を失うことにつながるのです。

14 怒り任せの判断は身を滅ぼす

孫子なら どうする

激しい怒りで、1つの方法しか見えなくなってはいないか。怒りに呑まれず、あくまで状況で行動を決定せよ。

15 行動の選択肢を増やして重圧を軽くする

――『孫子』は、現代人のための「選択肢」の宝庫である

感情をコントロールして視野を広くする

『孫子』は危機を前に、選択肢の広さにこだわりました。

「戦争の仕方は、次の原則にもとづく。
十倍の兵力なら、包囲する
五倍の兵力なら、攻撃する
二倍の兵力なら、分断する
互角の兵力なら、勇戦する
劣勢の兵力なら、退却する
勝算がなければ、戦わない」

戦場を目の前にして「退却する」「戦わない」という選択さえありえる。『孫子』は、私たちに選ぶことができる複数の道を示してくれます。

新規事業の検討会で、あえてやらないことを選択できるか。赤字だが長年努力した事業から撤退することを選べるか。こうした判断を阻害するのは感情です。

感情が、視野を極度に狭くすることを孫子は熟知していたのでしょう。彼の恩人は、怒りで周囲が見えなくなり、悲劇のうちに憤死したのですから。

『孫子』の最大の効能の一つは、選択肢を無限に広げてくれること

もう○○しかない、と思い込む危険な状態。

それは依存や希望的観測と同様、極めてもろい姿です。

追い込まれ、視野が狭まることは弱さの象徴なのです。

『孫子』は古代から現代まで2500年間、指導者に選択肢を与えてきました。

戦い方の幅を広げる、撤退する、そもそも戦わない。戦争を前にしたリーダーにも、無限の選択肢があると教えてきたのです。

「音階の基本は、宮、商、角、微、羽の五つにすぎないが、その組み合わせの変化は無限である。色彩の基本は、青、赤、黄、白、黒の五つにすぎないが、組み合わせの変化は無限である。味の基本は、辛、酸、鹹《かん》、甘、苦の五つにすぎないが、その組み合わせの変化は無限である。それと同じように、戦争の形態も「奇」と「正」の二つから成り立っているが、その変化は無限である。「正」は「奇」を生じ、「奇」はまた「正」に転じ、円環さながらに連なってつきない」

『孫子』は過去の戦史から多くの選択肢を見つけています。

申包胥《しんほうしょ》という人物は、親族を殺された楚国に恨みを持つ伍子胥が「必ず楚を倒してみせる」と語ったとき、まあ頑張ってみたまえ、君が倒したら、私が立て直してみせるからと言いました。事実、彼は伍子胥が呉の軍勢とともに楚を破ったとき、戦火から逃れて秦の哀公《あいこう》に助けを求め、七日七晩飲まず食わずで嘆願して哀公を動かし、楚を救います。

何一つ持たない人が、一国を救う選択肢さえあるのです。

個人でも経営者でも、大きなプレッシャーと戦うときがあります。

『孫子』は無限の選択肢を見せて、私たちに冷静さを取り戻させてくれるのです。

15 危機に直面したときこそ広い選択肢を意識する

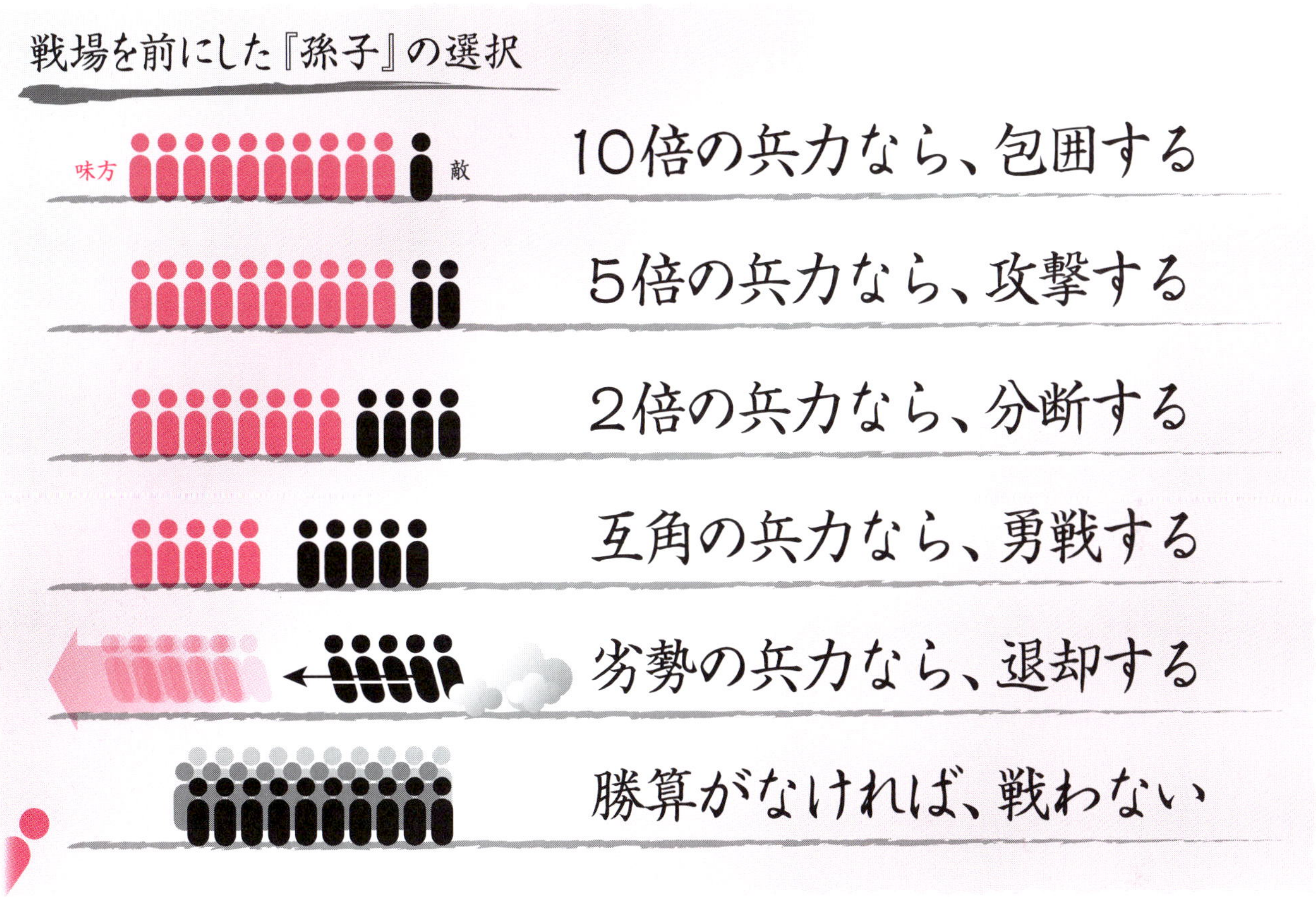
戦場を前にした『孫子』の選択
味方
敵
10倍の兵力なら、包囲する
5倍の兵力なら、攻撃する
2倍の兵力なら、分断する
互角の兵力なら、勇戦する
劣勢の兵力なら、退却する
勝算がなければ、戦わない

退却、戦わないという選択肢もある！

今回は
撤退するぞ！

孫子ならどうする

焦りで潰れそうなときも、選択肢は無限にあることを忘れてはならない。

『孫子』という書物——
読み手の頭脳を鍛える、独特の表現法

紀元前５世紀ごろ、古代中国にあった呉の国に仕えた孫武。

彼の著した『孫子』全十三編は、どのように成立したのでしょうか。

原文には、何度か次の言葉が出てきます。

「古の所謂善く戦う者」

本書が参照した『孫子・呉子』（守屋洋・守屋淳／プレジデント社）では「むかしの戦上手」と翻訳されています。

つまり、孫武の時代にすでに歴史となっていた事柄です。

孫武自身が、歴史から学んだ法則を戦略として昇華させていたのです。

もちろん、過去に起こった出来事の因果関係をまとめただけではありません。

「Ａをすると B が起こる」ような単なる事実は、環境が変わるとほぼ使えません。

起こった状況が特殊であったり、再現性がない出来事だったりするからです。

あるいは、因果関係を勘違いしていることもあるでしょう。

孫武は、戦場の因果関係を正しく整理し、再現性が高い法則にまとめました。

それが軍事戦略書としての『孫子の兵法』です。

彼の書が現代まで重宝され、読み継がれるのには理由があります。

それは、適用できる範囲を想像以上に広げる記述方法です。


１つの例として「奇襲」とは、どんな行為を指すか。
①朝方、４時半から５時のあいだに、相手に気づかれず一斉に攻撃する
②相手が最も油断している時間帯、状況を見つけて一斉攻撃する
記述①では時間帯が明確ですが、相手の情況の変化に対応できません。

記述②では、相手に合わせて攻撃の時間帯を自己判断する必要があります。

朝方に奇襲がくると思い込む相手には、ほかの時間帯のほうが効果もあります。

このような形で、『孫子』の記述方法は、私たちの頭を使わせて、適用できる範囲を極めて広くさせる特殊な表現に溢れているのです。

これが、『孫子』に魅了される人が2500年以上絶えない理由だと思われるのです。

私たち読み手側は、この意図を十分にくみとらなければいけないでしょう。『孫子』の記述を表面的にとらえるのではなく、「書かれていることの適用範囲を広げて活用する」という視点で考え抜くこと。

それが、『孫子』という書物を「使える」武器にするための王道なのです。■

第3章

“やり方”は本当に1つなのか熟考する

——『孫子』に学ぶ **不敗の人生戦略**

16

意図を表に出さず意表をついた行動をとる

――第一次世界大戦・ソンムの戦いに学ぶ「間接的アプローチ」

勝つためには自分の意図を悟られてはならない

２５００年前に書かれた兵法書で、現在まで研究が続いている『孫子』。

なぜ、これほどの長期間、『孫子』の名声は衰えなかったのでしょうか。

最大の理由は、戦争に勝つ真理「間接的アプローチ」が書かれていることです。

「戦争は、しょせん、だまし合いである。たとえば、できるのにできないふりをし、必要なのに不必要と見せかける。遠ざかると見せかけて近づき、近づくと見せかけて遠ざかる。有利と思わせて誘い出し、混乱させて突き崩す」

「充実している敵には退いて備えを固め、強力な敵に対しては戦いを避ける。わざと挑発して消耗させ、低姿勢に出て油断を誘う。休養十分な敵は奔走に疲れさせ、団結している敵は離間をはかる。敵の手薄につけこみ、敵の意表を突く」

『孫子』の第一編である「始計」にあるこれらの言葉は、三つのことを意味します。

◉自分の意図を相手に悟られることは不利である

◉充実した敵の備えに真正面からぶつかるな

◉敵を驚かせる要素を強みにすること

仕事、勉強、結婚――何事も正面突破は避ける

１９１６年、第一次世界大戦で最大の激戦がフランス北部で展開されました。

ソンムの戦いは、4カ月間で両軍で１００万人以上の死者を出す悲惨な戦場でした。

頑丈なドイツの塹壕《ざんごう》陣に、イギリス軍とフランス軍の歩兵が正面突撃をしたからです。

機関銃が登場した戦場で、歩兵の正面突撃は自殺行為に近い作戦でした。

たった一日で、イギリス軍の兵士は約2万人近く死亡、壊滅的な損害を受けます。

最終的にイギリス・フランスの連合軍は60万人の死者を出しました。

その代償は、たった11キロの進軍だったのです。

努力が大きく、損害も巨大なのに成果はほとんどない戦い。

努力が小さくとも、大きな成果を手に入れる戦い。

ソンムの戦いは典型的な前者でした。

そして、同様の無益な「戦い」は、現代のビジネスマンも嫌になるほど経験しているはずです。

敵が驚かない戦い方では、味方の被害が増えるばかりです。

仕事、勉学、転職、起業、さらには恋愛、結婚など、敵（新しく始めること）は、当たり前の方法で攻めてはいけません。

「五倍の兵力なら、攻撃する」

普通の人の、5倍以上の才能や能力があれば、正面攻撃でも勝てるのです。

それ以下の場合、『孫子』は真正面から戦うことを否定しています。

敵の意表を突くことで、戦いを有利に進めるためです。

16 小さな努力で大きな成果を目指す

「間接的アプローチ」孫子の真髄

自分の意図を相手に悟られてはならない

充実した敵の備えに真正面からぶつかるな

敵を驚かせ意表を突け

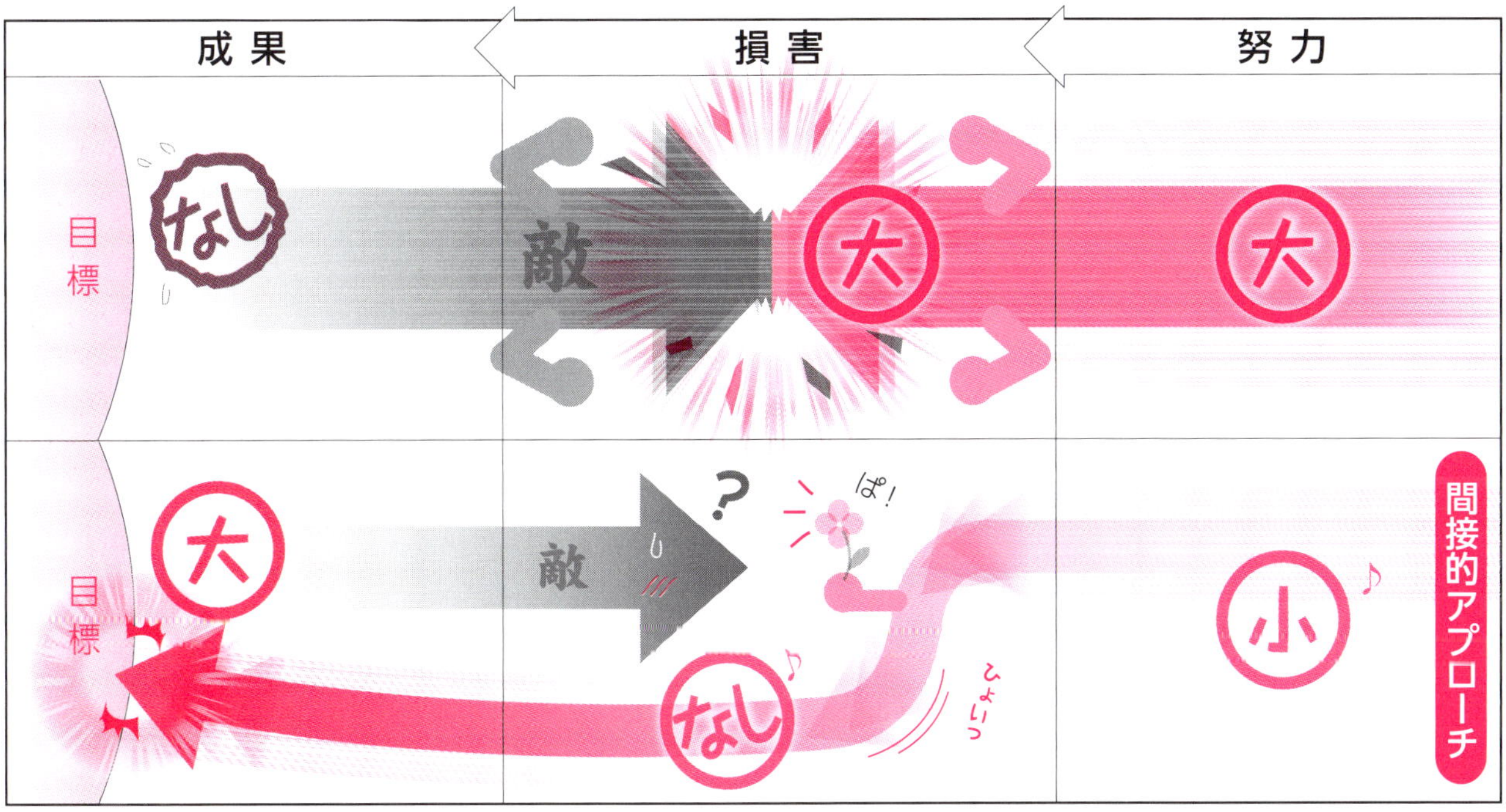

孫子ならどうする

真正面からの戦いは例外。
成果を最大化するため、敵が驚く戦い方を基本とするべし。

17 壁が高ければ、壁の切れ間を探してみる

——長久手の戦いに学ぶ「間接的アプローチ」

強い敵と真正面からぶつかってはならない

「間接的アプローチ」という言葉は、『孫子』がつけた呼称ではありません。20世紀の戦略思想家、リデル・ハートが生み出した概念です。

ハートは第一次世界大戦で、最大の激戦地ソンムにいました。

激しい戦闘で指揮する部隊は壊滅、彼も負傷して本国に送還されます。

ドイツ軍の強固な陣地と機関銃の前に、イギリス兵はばたばたと死にました。悲惨な戦場を目撃したハートは、「間接的アプローチ」を研究します。

このハートの発見は、2500年前にすでに『孫子』が述べていた理論と同じだったのです。

強い敵とは、真正面から戦わず、相手が備えていない場所から勝利をつかむ。

「将を射んと欲すればまず馬を射よ」という言葉もあります。

強い敵を避け、まわり道をすることが、逆に勝利を確実にするのです。

戦わずに家康を下した豊臣秀吉に学べ

充実した敵、あなたを待ち構えて準備万端な敵に、直接向かわないこと。

「間接的アプローチ」は、洋の東西を問わず、優れた戦略家が到達する普遍的な考え方です。

豊臣秀吉といえば、日本の戦国時代を統一した天下人として有名です。その秀吉が、一度だけ徳川家康と合戦があります。

1584年、現在の愛知県で行われた小牧・長久手の戦いです。

緒戦では徳川勢が優勢で、長久手の戦いでも大勝利を収めていますが、秀吉の真骨頂はその先でした。形勢不利と見て、外交工作で徳川陣営を切り崩したのです。

家康から遠い大名を切り崩し、味方につけていく秀吉の巧みな外交工作を前に、家康は抗戦を断念。秀吉の天下を受け入れました。

秀吉は、緒戦で自軍に勝った家康と三河武士の強さを恐れました。

しかしその強さは「迂直《うちょく》の計」で封じることができたのです。

「最高の戦い方は、事前に敵の意図を見破ってこれを封じることである。これに次ぐのは、敵の同盟関係を分断して孤立させること。第三が戦火を交えること。そして最低の策は、城攻めに訴えることである。城攻めというのは、やむなく用いる最後の手段にすぎない」

城攻めでは、相手は最大限警戒し、ガチガチに守りを固めて迎えます。

これでは前項で述べたソンムの戦いと同じで、犠牲が多く成果は少ないのです。

一方の秀吉は、同盟関係を拡大し、戦わずに家康を下しました。

秀吉は、家康の戦闘能力を恐れながらも、正面攻撃をせずに勝った「間接的アプローチ」の使い手でした。

17 戦国時代の「間接的アプローチ」

豊臣秀吉 vs. 徳川家康の場合
～小牧・長久手の戦い～

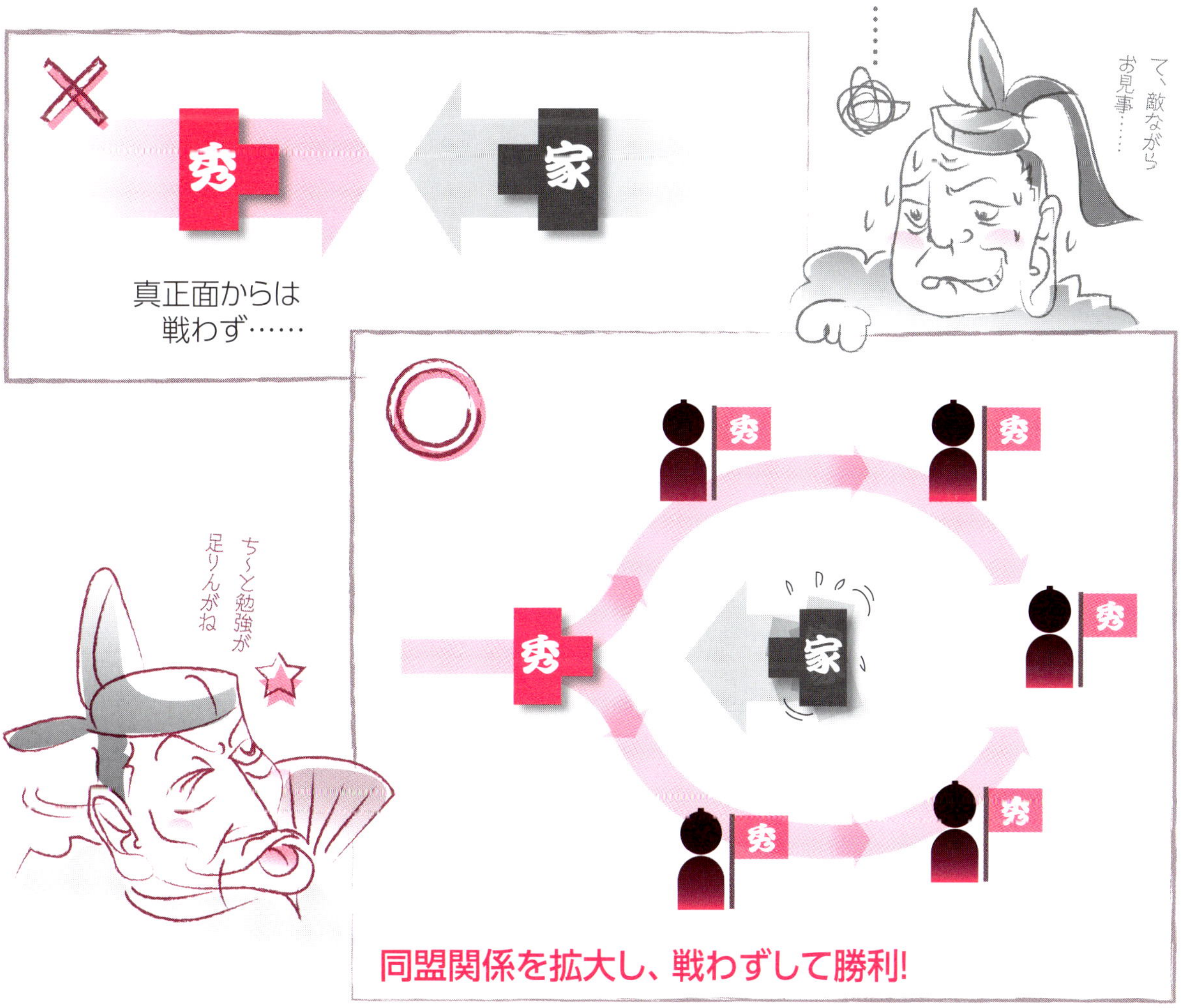
秀
家
真正面からは
戦わず……
て、敵ながら
お見事……
秀
家
ち～と勉強が
足りんがね
同盟関係を拡大し、戦わずして勝利!

孫子ならどうする

目の前の壁が高く厚くとも、諦めない。
別の場所から勝利をつかむべし。

18

常に〝別のやり方〟はないか問い続ける

――トワイニング社とアルバレス氏に学ぶ「間接的アプローチ」

同じ結果を、違う方法で達成できないか？

「間接的アプローチ」の成功例は、戦史の中だけに見られるものではありません。

現代のビジネスにおいても、この考え方が有益なことは、さまざまな実例が証明しています。

たとえば、英国王室御用達の紅茶ブランド、「トワイニング」は、日本に紹介された当時、全国に販売網を作ることを目標としていました。

ところが、輸入代理店である片岡物産は、各地の販売店に営業せず、髙島屋のギフトコーナーに最大の力を注いだのです。

髙島屋で評判になると、他の有名百貨店からも出品の依頼が殺到。限られた戦力だけで、広く有名百貨店の全体から高い人気を獲得したのです。

「敵に作戦行動を起こさせるためには、そうすれば有利だと思いこませなければならない。逆に、敵に作戦行動を思いとどまらせるためには、そうすれば不利だと思いこませることだ」

知名度のないときに、むやみに売り込めばこちらから依頼しなければいけません。

ところがしかるべき場所で評価を得れば、逆転現象が起こります。

相手から依頼してもらえる立場になれるのです。

敵（相手）に行動を起こさせるには、そうすれば有利だと思い込ませる。

売り込みの激しい窓口に、何の対策もなく飛び込んでいたら。取引の条件を、大きく譲歩する必要があったかもしれません。

彼らは充実した敵の備えに、真正面からぶつからずに勝利したのです。

５００ドルで、ハリウッドの映画監督になれるか？

世界中の映画界から羨望のまなざしを集める米ハリウッド。

数多くの傑作映画が生まれ、大スターが闊歩する街です。世界中から夢を追う人が集まり、多くが夢破れていく街でもあります。

ところが、わずか５００ドルの予算で、ハリウッドの大作映画の監督になった人がいます。製作会社から３０００万ドルを出資するオファーを受けたのです。

フェデリコ・アルバレス氏はある日、自作の短編映画を動画サイトＹｏｕＴｕｂｅにアップしました。そのＳＦ短編映画が話題を呼び、視聴者が殺到。ハリウッドからのオファーにつながりました。

『Ｐａｎｉｃ Ａｔｔａｃｋ！』というタイトルの動画の制作費用はなんと５００ドル。

彼の成功理由は、正面玄関からドアを開けようとしなかったことです。

ハリウッドの扉を一番下から叩けば、監督になる前に寿命を迎えたでしょう。

思いもかけない場所でみんなを驚かせたことが、大成功につながったのです。

トワイニングとアルバレス氏の成功談は、ビジネスの「戦場」における「間接的アプローチ」の成功例だと言えるでしょう。

18 ビジネスにおける「間接的アプローチ」

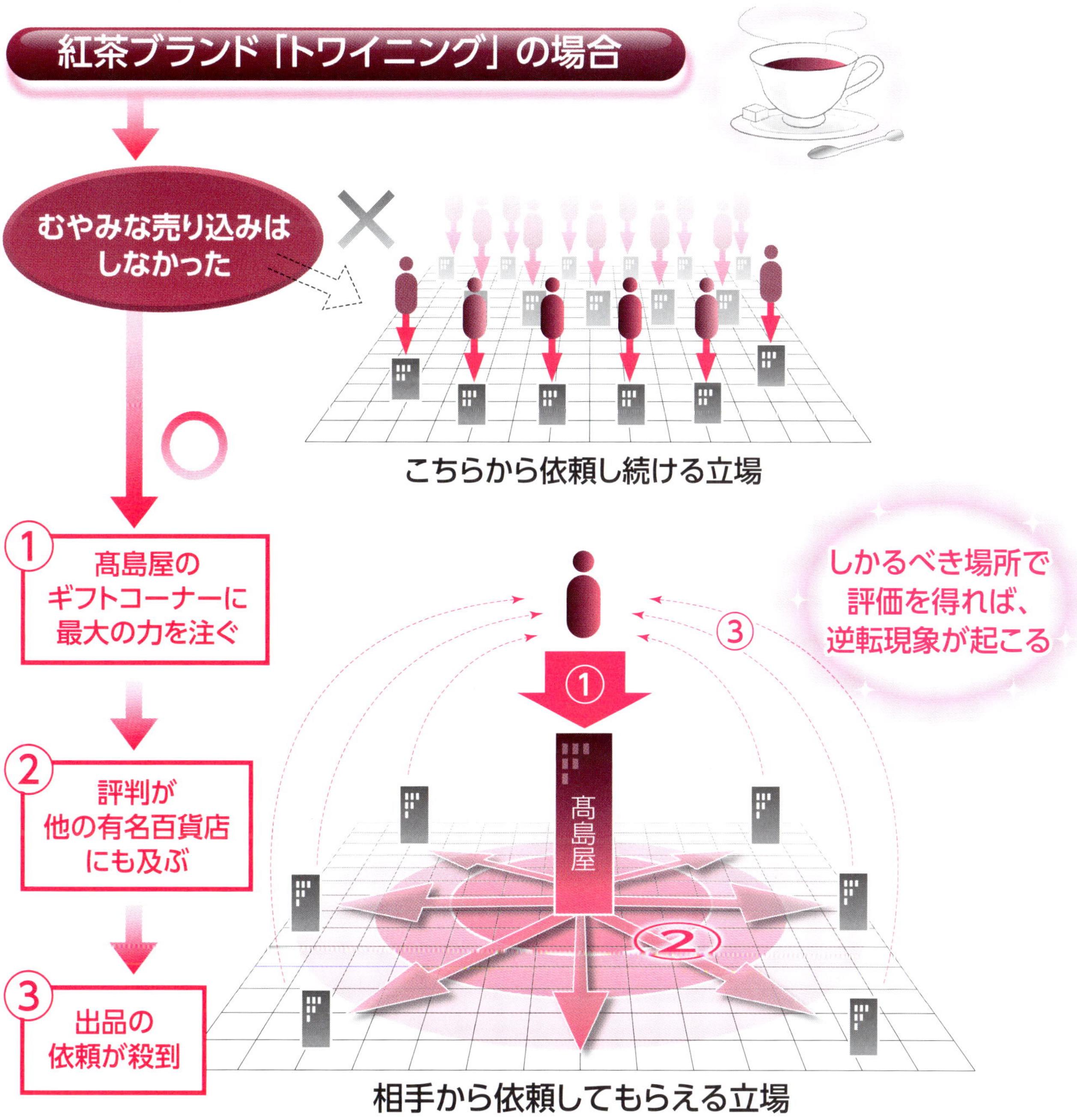

紅茶ブランド「トワイニング」の場合

むやみな売り込みはしなかった ×
こちらから依頼し続ける立場

① 髙島屋のギフトコーナーに最大の力を注ぐ
② 評判が他の有名百貨店にも及ぶ
③ 出品の依頼が殺到

しかるべき場所で評価を得れば、逆転現象が起こる

相手から依頼してもらえる立場

孫子ならどうする

相手が意図しない驚きは、高い評価につながる。つねに「迂直の計」を試みるべし。

19

「話をトコトン聞く」「間接的に褒める」

――相手が心開く前に、自分の武器を振り回さない

◆相手が警戒を解くまで、武器を振り回さない

『孫子』の有名な一文**「はじめは処女のごとく、終わりは脱兎《だっと》のごとく」**。

これは、「相手を変える」重要さを指摘しています。

相手を油断させ、相手の警戒をなくさせること。

「要するに、最初は処女のように振る舞って敵の油断をさそうことだ。そこを脱兎のごとき勢いで攻めたてれば、敵はどう頑張ったところで防ぎきることはできない」

あなたは脱兎のようにスピードがあるかもしれません。しかし相手が警戒して、防備を固めていれば威力は半減します。

できる営業マンは、お客様の話をさえぎらないと言われます。まず、相手の立場をトコトン知ることから始めるからです。

「この人は、単なる売り込みが目当てだ」と思えば誰もが警戒します。

新人を叱るとき、上司であるこちらに心を開かないうちは、厳しい言葉は伝わりません。「上司の都合を押し付けられているだけ」と反発するからです。

相手が心を開く前に、自分の武器を振り回そうとしないことです。

まず相手に「自分のことを本当に考えてくれている」と感じさせること。

優れたカウンセラーも、結論がわかっていてもすぐには話しません。

相手が自分のことをすべて話して、素直になれる瞬間を待っているからです。

◆相手を警戒させない、警戒していないところを攻める

目の前で誰かを褒めると、誰でも素直に受け止めることができません。

利害関係があるときや、職場の上司であれば特にそうです。

下心や意図があるから褒めていると、疑われるからです。

そんなときは、第三者からあなたの言葉が伝わるようにすべきです。

誰か、中間にいる別の人にその褒め言葉を伝えておくのです。

あなたではない別の人から、あなたが褒めた言葉が伝わるようにするのです。

間接的なほど、相手の心に響きやすい。

これはリデル・ハートと孫子の「間接的アプローチ」に共通します。

言葉が伝わらない場合も、この方法は有効です。謝罪や感謝の気持ちを伝えるとき、これまでと違う形を選んでみるのです。

贈り物をしたことがなければ、特別な贈り物をする。

旅行に行ったことがなければ、旅行に連れていく。

「また同じか」と警戒されている方法では、あなたの誠意は伝わりません。

その方法自体に、相手が心を開いていないからです。

相手の心を開くために、伝える方法をまず変えてみる。

真心や謝罪の気持ちは同じでも、伝え方で成果は大きく異なるのです。

19 相手の警戒心を解くことから始めよ

孫子ならどうする

相手が心を開くと、あなたの言葉は何倍も浸透する。伝え方を変えると、効果はさらに数倍になる。

20

準備に時間をかけ、実行は素早く行う

——『孫子』に学ぶ「速さ」の本当の意味

準備する時間も、心の余裕も与えない速さで相手に臨め

相手の心の防波堤を開かせてから、本論に入っていく。

相手に共感を示してから、こちらのアドバイスを話し始める。

これまでと違う行動で相手の信頼を得てから、心を伝えていく。

「脱兎のごとく」の部分は同じでも、相手の心で結果は大きく違います。

仕事ができる有能な人は、感情の摩擦からくる損を避けているのです。

「千里も行軍して疲労しないのは、敵のいないところを進むからである。攻撃して必ず成功するのは、敵の守っていないところを攻めるからである。守備に回って必ず守り抜くのは、敵の攻めてこないところを守っているからである」

リーダーが組織の共感を得ていれば、打つ手はスムーズに実行されるものです。

しかし会社の改革のため新ＣＥＯとなる、といった場合には、時間がないときがあります。共感を得るだけの猶予が、企業にもはや残されていないときです。

その場合は、スタッフが反発を始める時間を与えないスピードで動くことです。『孫子』には**「兵は拙速を聞く」**という有名な言葉もあります。

時間をかけるデメリットを避け、抵抗が盛り上がる前に改革を断行させる。相手の抵抗が少ないほど、効果が高まるのです。

若きビル・ゲイツが、相手を油断させた方法に学ぶ

２００６年までの13年連続、世界長者番付で1位だった人物がいます。

マイクロソフトの創業者、ビル・ゲイツその人です。

彼がまだ若く、起業後にソフトウェアを開発していた時期、顧客に約束した納期が守れないことが、何度もありました。

しびれを切らした顧客が、ゲイツの事務所までおしかけてきたときのこと。

出てきたゲイツは、なんと髪がボサボサでよれよれの汚いシャツ姿。

プログラムのため、会社の床で寝ていた彼の姿に、度肝を抜かれた顧客の幹部を前に、ゲイツはこのソフトが将来もたらすメリットを滔々《とうとう》と述べたのです。

仕事でボロボロの若者の姿に衝撃を受けた相手は、ゲイツの話にすっかり呑まれます。

将来の儲けを頭にイメージして、いい気分で事務所から帰っていったのです。

「作戦行動の要諦は、わざと敵のねらいにはまったふりをしながら、機をとらえて兵力を集中し、敵の一点に向けることである。そうすれば、千里の遠方に軍を送っても、敵の将軍を虜《とりこ》にすることができる」

ゲイツは顧客の視点を「現在の問題」から「未来の機会」に変えています。

追及しようとこぶしを固めてきた相手に、弁解や取り繕いは利きません。

意表を突いたうえで、相手が最も喜び、関心がある話題に一点集中したのです。

20 「速さ」がカギ！ 感情の摩擦を避ける方法

ex. ●相手を油断させる

仕事でボロボロのの姿に衝撃を受け、
相手はすっかりゲイツの話に呑まれる

ex. ●相手に時間を与えない

時間をかけるデメリットを避け、
抵抗が盛り上がる前に改革を断行させる

孫子ならどうする

相手の意表を突くこと＝速さ。
「拙速」を成果を挙げるための武器とせよ。

21

周囲の人に警戒心を持たれぬよう注意する

――「攻める意図」を隠せば無傷で勝てる

◎ノルマンディー上陸作戦に学ぶ「攻め」の極意

1944年、英米の連合軍がナチスドイツのヨーロッパ占領地への反撃を開始したノルマンディー上陸作戦。200万人近い兵員が参加したこの作戦では、巧みな「間接的アプローチ」によって連合軍側が大成功を収めました。

「こちらが、かりに一つに集中し、敵が十に分散したとする。それなら、十の力で一の力を相手にすることになる。つまり、味方は多勢で敵は無勢。多勢で無勢を相手にすれば、戦う相手が少なくてすむ」

「したがって、敵の態勢に余裕があれば、手段を用いて奔命に疲れさせる。敵の食糧が十分であれば、糧道を断って飢えさせる。敵の備えが万全であれば、計略を用いてかき乱す」

海岸線を防衛するドイツ軍はカレー、ノルマンディー、ブルターニュ3カ所の上陸地点を予測。一方、米・英が中心の連合軍はカレーに上陸する偽情報を流します。

これにより、ドイツ軍は最後まで相手の上陸地点が絞り込めず、防衛部隊を広範囲に分散させざるをえなくなりました。

連合軍は、最後までどちらに上陸するかわからないルートで進軍。ドイツの名将ロンメルが本国ドイツに戻ったタイミングで、ノルマンディーに上陸します。

この作戦の成功は、ナチスの全面敗北への道を切り拓いたのです。

◎「攻め上手」「守り上手」――その極意を学ぶ

第一次世界大戦のソンムの戦い（42ページ）と、第二次世界大戦のノルマンディー。二つの比較で次のことがわかります。

◉相手の意図がわかっているとき、守る側が有利

◉意図がわからないとき、攻める側が有利

ソンムでは連合軍がドイツ軍の陣地に真正面から攻勢をかけ、ノルマンディー作戦では、どの地域に上陸するか、最後まで相手を攪乱《かくらん》しています。

「戦上手は、守りについたときには、兵力を隠蔽して敵につけこむ隙を与えないし、攻めにまわったときはすかさず攻めたてて、敵に守りの余裕を与えない。かくて、自軍は無傷のまま完全な勝利を収めるのである」

「攻撃の巧みな者にかかると、敵はどこを守ってよいかわからなくなる。また、守備の巧みな者にかかると、敵はどこを攻めてよいかわからなくなる」

1979年、ヤマハは「オートバイ業界の盟主の座を狙う」と宣言、業界1位のホンダとの「YH戦争」と呼ばれた競争が勃発します。年間販売台数95万台を掲げ、猛追したヤマハですが、矢継ぎ早に新製品を発売して対抗するホンダに敗れ、最終的に謝罪、不毛な競争を行わないことを2社で確認します。相手を名指しして勝つことを宣言した時点で、相手の警戒を誘ってしまう。ヤマハの無謀な挑戦は、ソンムの戦いの悲劇を連想させます。

21 「攻める意図」を隠すか見抜くか

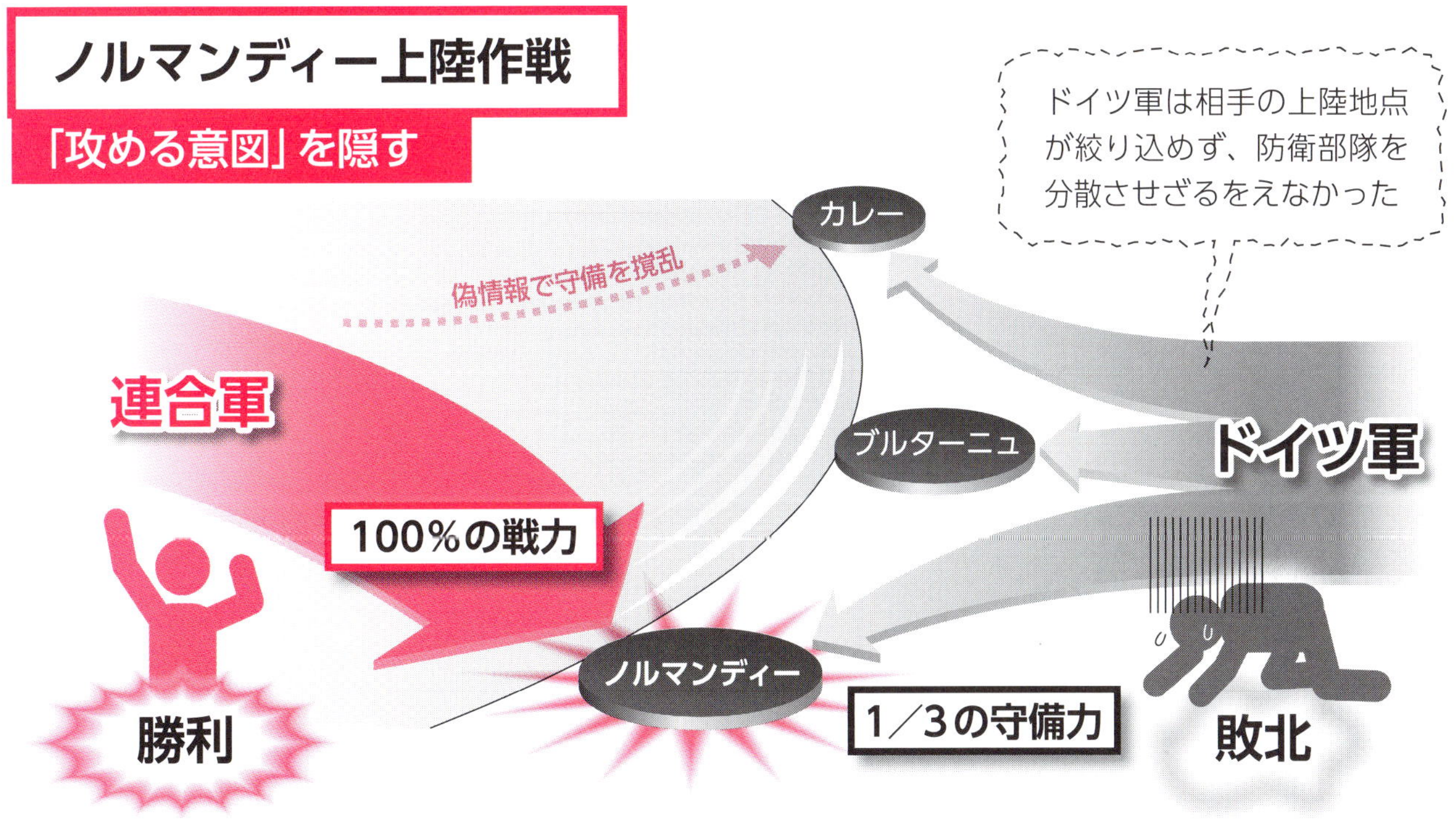

孫子ならどうする

敵を分散させるほど、攻撃側は優位に立てる。
意図を隠して攻め、意図を見抜いて防御せよ。

22

嘆く前に今ある資源でできる工夫を考える

――勝利の定義を更新すれば、強敵も無力化できる

3万人で20万人の大軍に勝つ方法

紀元前506年、孫武の率いる呉軍が強国の楚と戦ったときのこと。楚軍は強固な陣地をつくり、呉の軍勢を待ち構えていました。ところが孫武は、敵の陣地を迂回して楚の首都を目指したのです。

あわてて陣地から飛び出して呉軍を追った楚軍は、戦場に着いたときには疲労困憊でした。待ち構えていた3万人の呉軍は、20万人の楚軍を大いに打ち破ったのです。

「敵が万全の態勢をととのえて攻め寄せてきたら、どうするか、その場合は、機先を制して、敵のもっとも重視している所を奪取することだ。そうすれば、思いのままに振り回すことができる。作戦の要諦は、なによりもまず迅速を旨とする。敵の隙に乗じ、思いもよらぬ道を通り、意表をついて攻めることだ」

間接的アプローチの元祖、孫武の完璧なる勝利でした。

「新しい試み」で勝利の定義を変えて相手の動きを封じる

攻撃のときは、相手にこちらの意図を悟らせない。守備のときは、相手の狙いを見抜いて有利に防衛する。『孫子』は、戦いの基本をこのように定義していました。

「敵と対峙するときは、『正』すなわち正規の作戦を採用し、敵を破るときは、『奇』すなわち奇襲作戦を採用する。これが一般的な戦い方である」

現代のビジネスシーンで、このようなことが可能なのでしょうか。

世界最大のスーパーマーケットチェーンである米ウォルマートは、同業界では後発企業であるにもかかわらず、先行するKマートに勝利しています。この逆転劇が可能になった最大の理由は、ウォルマートの出店形態にありました。「スーパーマーケットの出店には10万人以上の人口が必要」という常識を無視して、1万人規模の都市に小型店を出したのです。小型店をネットワーク化して、150店舗で100万人の人口をカバーする。「常識を破ったのではなく、店舗の定義を覆したのだ」(『良い戦略、悪い戦略』日本経済新聞出版社)。ウォルマートは新しい成功の定義を見つけていたのでした。新しいがゆえに競争相手は意図を読めず、対抗することもできません。

「こちらからは、敵の動きは手にとるようにわかるが、敵はこちらの動きを察知できない。これなら、味方の力は集中し、敵の力を分散させることができる」

日本にも似た例があります。コンビニ最大手のセブン-イレブンは、惣菜の製造工場を、それまでの大型工場をやめ、小型で分散配置するようにしました。低コストの大型工場ではなく、配達時間が短縮できる分散方式をとることで、他のチェーンを圧倒する鮮度を実現したのです。セブン-イレブンは、製造工場の定義を変化させています。

ここでもまた、意図が見抜けない企業は、真似をすることができないのです。

22 成功の定義を変えれば道は開ける

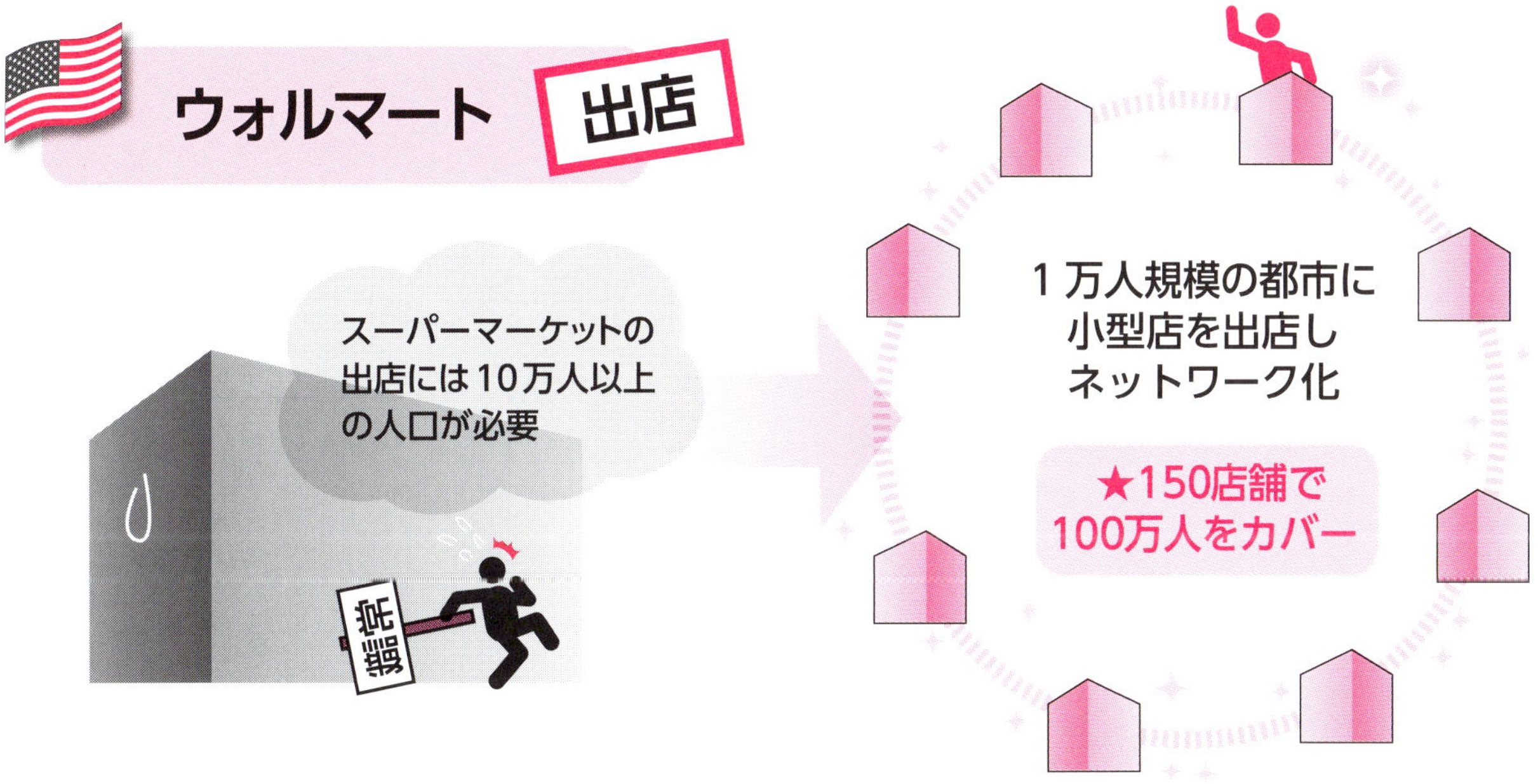
ウォルマート
出店
スーパーマーケットの出店には10万人以上の人口が必要
1万人規模の都市に小型店を出店しネットワーク化
★150店舗で100万人をカバー

セブン−イレブン
惣菜の製造工場
従来の製造方法
大型工場
メリット
低コスト
小型工場を分散配置
メリット
★配達時間の短縮
★圧倒的な鮮度を実現

孫子ならどうする

成功の定義を更新せよ。
意図を見抜けない敵は、何もできない。

23

“もう一歩”踏み込んで本質を見抜く

『孫子』の戦略論に見出すマーケティングの極意

競争相手の少ないフィールドで勝負せよ

勝利の定義は、消費者への新たな利便性から生まれています。

競合他社は、隠された意図に気づかない限り、対抗できません。

このように、勝利の定義を変えることは、さまざまな場面で可能です。

就職活動のとき、人気ランキングから企業を選べば、当然ながら、誰もが目指す入り口にはライバルが殺到します。

成績優秀で何でもできる学生と、競わなければなりません。

ところが、自分なりに勝利の定義を変えてしまうとどうなるか。

「若くして海外経験が積める」

「地味だが事業基盤が非常に強固である」

「海外の売上高比率が、近年とても伸びている」

就活雑誌に載っていない、独自の勝利を定義し、他の学生の目には入らない企業を目指す人は、荒野を独り進むように進軍し、簡単に勝利が手に入るのです。

表面から一歩踏み込んで相手が本当に欲するもの見抜く

ビジネスにおいて、他社と同じものを提供するのは、激しい競争にさらされる理由の一つです。

これは恐らく、「人が欲しいものは○○だろう」と、ありがちな発想をしているからです。

ところが、実際にはまったく違うものを顧客は欲していることがあります。それを見抜いたとき、競争をせずに勝利することが可能になるのです。

ある欧州メーカーの小型バイクが、インドの地方都市で人気になりました。「なぜここでだけ？」と訝《いぶか》しんだメーカーは、社員を現地に派遣して調査を命じます。そこには驚くべき光景がありました。住民たちは、小型バイクに乗るのではなく、エンジンを外して井戸から水をくみ上げるポンプにしていたのです。「エンジンが取り外しやすく小型」というのが、このバイクが売れていた理由でした。

顧客が本当に欲しいものを知ったこのメーカーは、井戸用の小型ポンプを開発し、大規模に販売したのです。

「戦うべき場所、戦うべき日時を予測できるならば、たとえ千里も先に遠征したとしても、戦いの主導権を握ることができる」

表面から一歩先に踏み込んで、本当に欲しいものを売る。

これで成功しないはずがありません。

人間関係においても、相手の言葉が本心とは限りません。恋愛がいい例でしょう。人は本当に欲しいものに、気づいていないこともあります。

相手が現在購入しているものではなく、本当に欲しいものを見抜くこと。商品を通じて、本当に相手が欲しがっているものは何かを見抜くこと。それができれば、ライバルに圧倒的な差をつけられます。

23 一歩踏み込めば見えるものが変わる

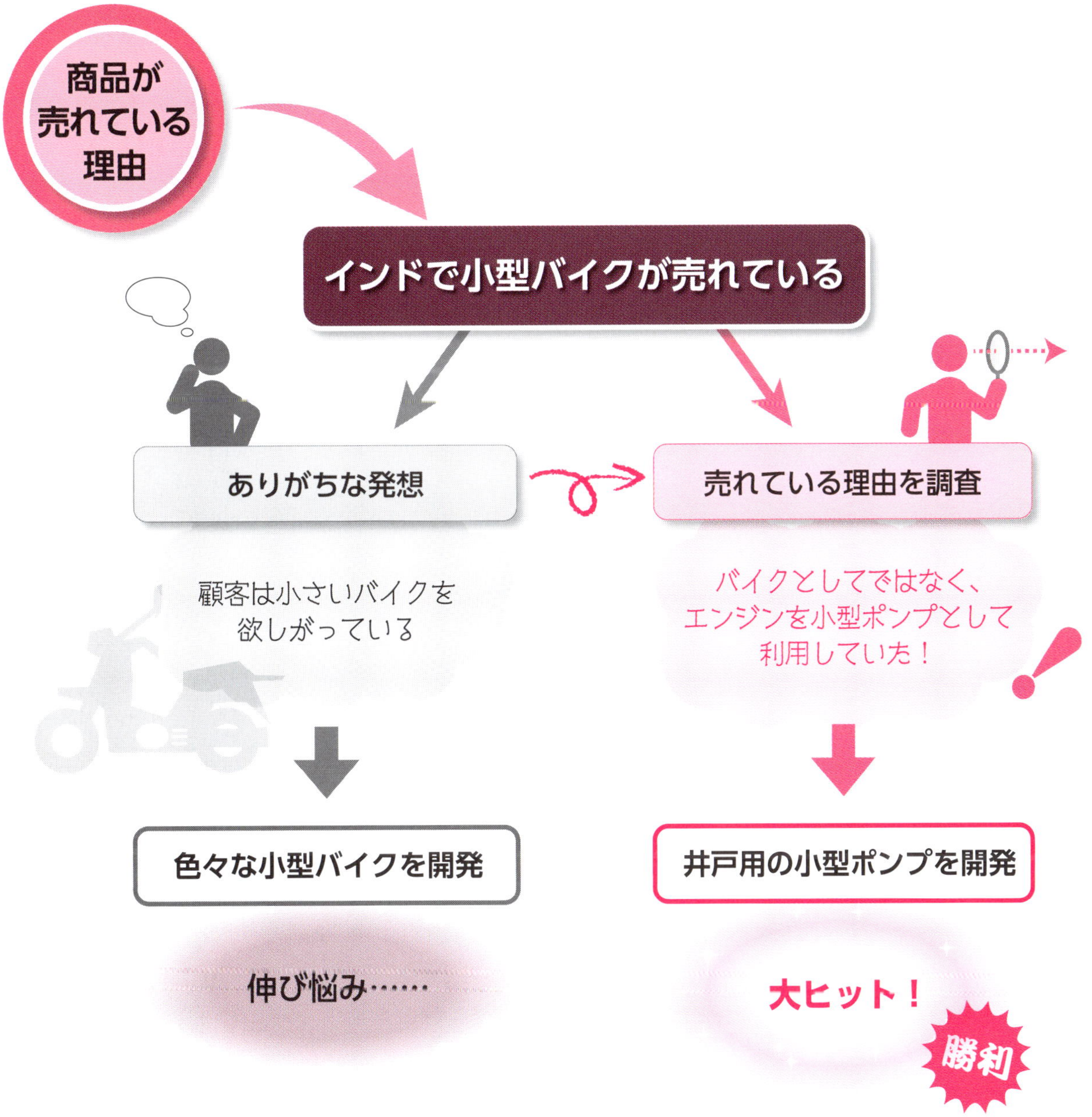

孫子ならどうする

商品を買う人の、本当に欲しいものは何かを考える。厳しい競争に勝つことではなく、競争相手がいなくなる戦略を選ぶべし。

24 ゴールは一つでも、ルートは無限大と考える

――狭くなりがちな視野を広げてくれる孫子の戦略論

何事も「行動は迅速が大切」と心得よ

壁に直接戦いを挑んでは、勝算は限りなく低い。だから、壁を迂回する間接的アプローチをとるべし。

この、『孫子』の教えの応用範囲は極めて広汎です。

1960年代、日本の自動車がアメリカに進出を始めたころ、日米の技術には、まだまだ大きな差がありました。

日本の小型で非力な自動車は、ハイウェイを長時間走れなかったのです。

大型、大馬力、高速走行の能力……すべて米国の自動車のほうが圧倒的に優れていました。

そこで日本車は、小型で小回りが利き、軽快で低燃費というまったく別の魅力を訴えたのです。

結果として、小型低燃費の日本車は米国中で普及するようになります。

「作戦行動にさいしては、疾風のように行動するかと思えば、林のように静まりかえる。燃えさかる火のように襲撃するかと思えば、山のごとく微動だにしない。暗闇に身をひそめたかと思えば、万雷のようにとどろきわたる」

こちらが攻めるときには相手に防ぐ時間を与えない。

敵にこちらの意図を読ませず、攻める隙を与えない。

こちらの攻撃は、相手の不意を突く奇襲となる。

有名な「風林火山」の意味するところは、孫子の攻守の原則です。

視野を大きく広げたければ『孫子』を学びなさい

1991年、第一次湾岸戦争で、ある作戦が行われました。

イラク軍がクウェートに侵攻し、多国籍軍が出動したこの戦争。米軍は地上戦で「左フック」戦略を立案します。

防衛が強固な正面陣地に突入するふりをして、左側から別軍で奇襲したのです。

孫武が楚軍を破った故事にならったかのような、この奇襲戦闘は大成功を収め、地上戦はわずか100時間で終了します。

孫武、そしてリデル・ハートの戦略思想は現代でも通用する。歴史がまたしても、それを証明した戦闘となりました。

目の前にそびえる壁は、攻略法しだいで壁ではなくなる。

まったく別の道を目指し、相手に警戒を抱かせない。

しかし達成する成果、手に入れる勝利は同じであること。

勝負を前に、視野が狭まれば、人は壁と戦うことに固執しがちです。

そんなときこそ、肩の力を抜き、間接的アプローチで勝てないかを考えてみましょう。

『孫子』は、最前線の緊張の中で、必死のあまり目先の敵にとらわれてしまいがちなリーダーの視野を、大きく広げてくれる書物なのです。

24 緊張の中でこそ間接的アプローチを！

孫子ならどうする

同じ勝利が手に入る、迂回路はないかと考えてみる。修羅場でこそ、『孫子』の広い視野に立ち戻るべし。

COLUMN 3

『孫子』を創造的にマスターする、「定石」と「原則」

『孫子』は、読者が自ら考えることで「使える」ようになる書物です。決して定石集やマニュアルではありません。

たしかに第十一編「九地」などは、一見するとマニュアル的です。

「散地（自国の領内）」――戦いを避けなければならない

「軽地（他国に軽く進攻した場所）」――駐屯してはならない

典型的な定石は「A のとき B をしなさい」のような形式で表現されます。

現代で言えば、「○○のときは、このようにお客様に接してください」といった業務マニュアルのような記述です。

しかし『孫子』では、このような定石・マニュアル的な記述は一部しかありません。

定石はほぼ「当たり前の失敗を避ける」ことに使われています。それが前掲の例です。

一方で、機会をとらえるような攻撃側の要素には、原則主義が使われています。

攻撃の原則を学んだら、あとは実情と敵に合わせて頭を使え、ということです。

攻撃と防御で、『孫子』では原則主義と定石主義が区別して適用されているのです。

これは、サービス業などでよく指摘されることに似ています。

減点されないためにマニュアル、加点されるために原則主義が使われます。

高級ホテルのドアマンなどには、年間で数十万円の自由予算が与えられています。

なぜでしょうか？

常連のお客様の大切なイベントなどに、迅速にプラスのサービスをするためです。

常連客の誕生日に、小さな贈り物をするなどもその１つです。

原則を理解させたら、あとは担当者の柔軟な判断にゆだねるほうが効果的だからです。

古代兵法書の『孫子』は、杓子《しゃくし》定規なものではありません。

特に攻撃側の原則主義により、原則をマスターしたら創造的に使えるものです。

実際に荒野で戦闘をしない現代ビジネスマンにも、定石の重要性は同じです。

当たり前の失敗を避けて、大きな機会を見つける時間を稼ぐためです。

自分を飛躍させるプロジェクトが、入社してすぐ見つかることなどありえません。

チャンスをとらえるために原則が、待ち構える時間のために定石があるのです。

THE ART OF WAR

第4章

「今は何をする時間なのか」を見極め、実行する

——『孫子』に学ぶ **時間活用の極意**

25 時間の価値はその時々で変わる

——時間の価値が高いときを見抜く『孫子』の時間術とは？

「時間のやりくり」だけに目を奪われるな

世の中には時間術の本が溢れています。

ほとんどが「時間を有効活用するにはどうするか」を議論しています。

しかし『孫子』はそのような形で時間を捉えていません。

『孫子』は戦争に勝つために書かれた書物です。そのため「時間活用」の基本概念が違います。

『孫子』の時間術は、自分の外にある「機会」を活かすための術なのです。

この時間に対する捉え方は、他とは劇的な違いがあります。

「戦争は勝たなければならない。したがって、長期戦を避けて早期に終結させなければならない。この道理をわきまえた将軍であってこそ、国民の生死、国家の安危を託すに足るのである」

◉最大限活かさないと「時間」がもったいない

◉最大限活かさないと「機会」がもったいない

前者は時給で人生を考えています。

後者は機会のレバレッジで人生を考えています。

自分の時間の使い方が多少うまくなっても、大した成果はありません。

しかし自分の周りの機会を活かせるならば、人生は激変します。

戦争に勝つ者は、一瞬の機会を逃さず最大の勝利を手にします。

書類の書き方がうまくても、人に仕事をまかせても戦争には勝てません。

「時間活用」の考え方は、自分の外にある機会に目を向けていません。

効率を上げているようで、大きなチャンスを棒に振ることさえあるのです。

時間はいつでも同じ価値ではない

時間はいつでも同じ価値があるわけではありません。

1分間が数十万円のときもあれば、ほとんど無価値のときもあるのです。

チャンスが目の前にあり、正しく動けばそれを手にできる瞬間。この時間はたとえ一瞬でも大きな価値があります。

逆に、人生に何の変化も生み出さない時間はどうでしょうか。どれほど有効に活用しても、その価値は極めて低いでしょう。

価値の極めて高い時間を、どのように使うかで人生の勝負は決まります。

「勝利する条件がないときは、守りを固めなければならない。逆に、勝機を見出したときは、すかさず攻勢に転じなければならない。つまり、守りを固めるのは、自軍が劣勢な場合であり、攻勢に出るのは、自軍が優勢な場合である」

『孫子』は、時間の価値が変動することを見抜いていました。

勝機がある瞬間の時間は、すかさず行動する価値がある。ほんの数分、数時間、数日でも人生を変えうる。

それは人生に何度も出現するものではないかもしれません。

25 その一瞬をどう行動するか

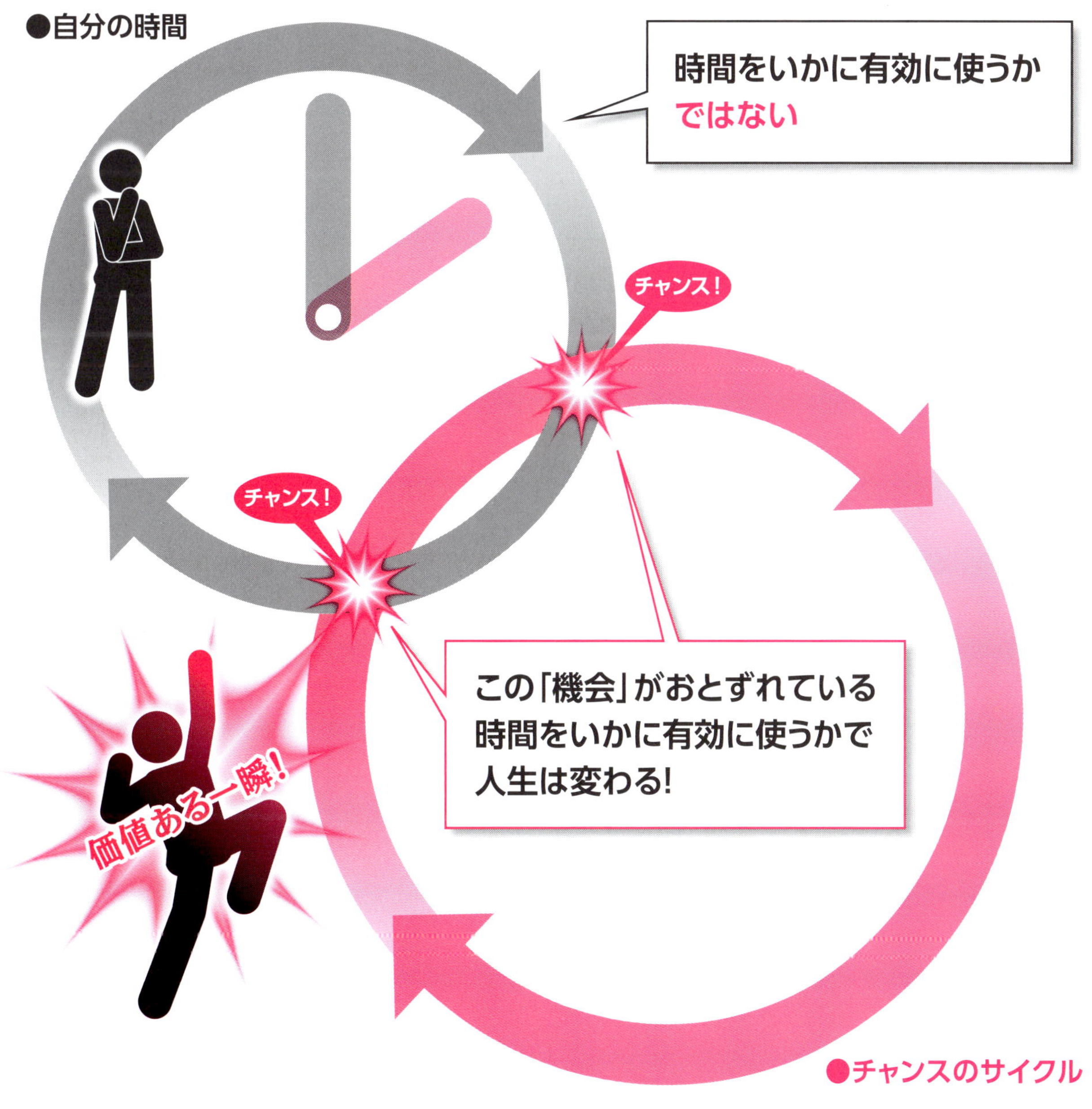
●自分の時間
時間をいかに有効に使うか
ではない
チャンス!
チャンス!
価値ある一瞬!
この「機会」がおとずれている
時間をいかに有効に使うかで
人生は変わる!
●チャンスのサイクル

孫子ならどうする

時間の価値は、機会の大きさで測るべきである。効率を追う「時間術」を脱却せよ。

26 機会がないときには、機会に備えよ

——価値の低い時間にこそ、勝者はつくられる

チャンスを活かせるように時間を使う

前章で説明した「間接的アプローチ」は、目の前をさえぎる壁に、直接攻撃をしないで目的を達成する発想でした。

ソンムでの連合軍（42ページ）のように、勝ち目のない戦いは悲惨な機会です。ここでの時間の価値は無残な低さでしょう。ノルマンディー上陸作戦（52ページ）では、ドイツ軍を分散させて勝機を倍増させました。勝ち目が増えた戦いは、時間の価値も高くなります。

壁を迂回し、成功の定義を変え、相手を分散させ、こちらが一点集中し……といった間接的アプローチは、みじめな機会しかなかった戦場に、勝てる機会を生み出す行為です。

当然ですが、時間の価値は何倍にも高まることになります。

優れたリーダーは、組織全員の時間の価値を高めて勝利します。

勝てない部下の時間は、価値が低いものです。

部下の時間価値を高めるには、勝てる人間になる教育や指導が必要です。

会社の栄枯盛衰は、組織内の人間の時間価値で決まります。

そうかと思えば、自分の手で時間の価値を貶《おとし》めることもできます。

目の前にある千載一遇の機会に背を向けたときがそうでしょう。

私たちは、人生の勝機を高め、時間の価値を上げる術を身につけるべきなのです。

チャンスに程遠いときこそ、やがて来るチャンスに備えよ

どうやっても、現時点では機会がない目標もあります。

数年後の転職を目標にしているとき。

まったくの新規事業を提案、実現しようとしているとき。

自分が目指している社内のポストに、いまは空きがない場合。

そんなとき、私たちは暇にかまけていてよいのでしょうか。

『孫子』は、そんなときこそ「不敗の態勢」を構築するときだと指摘します。

純粋な勝機自体は、私たちの外の環境にあります。

しかし、機会の到来をじっくり待ち、準備を整えることは可能です。

機会の扉が開く前に、扉の一番近くまで辿り着いておくのです。

「むかしの戦上手は、まず自軍の態勢を固めておいてから、じっくりと敵の崩れるのを待った。これで明らかなように、不敗の態勢をつくれるかどうかは自軍の態勢いかんによるが、勝機を見出せるかどうかは敵の態勢いかんにかかっている」

まず自軍の態勢を固めておいてから、じっくり敵の崩れを待つ。

チャンスが目の前にないときは、チャンスをつかむ力を蓄えるときなのです。

機会がないと嘆いて何もしない人は、機会がおとずれたときにも何もできません。

26 時間の価値を高めよう

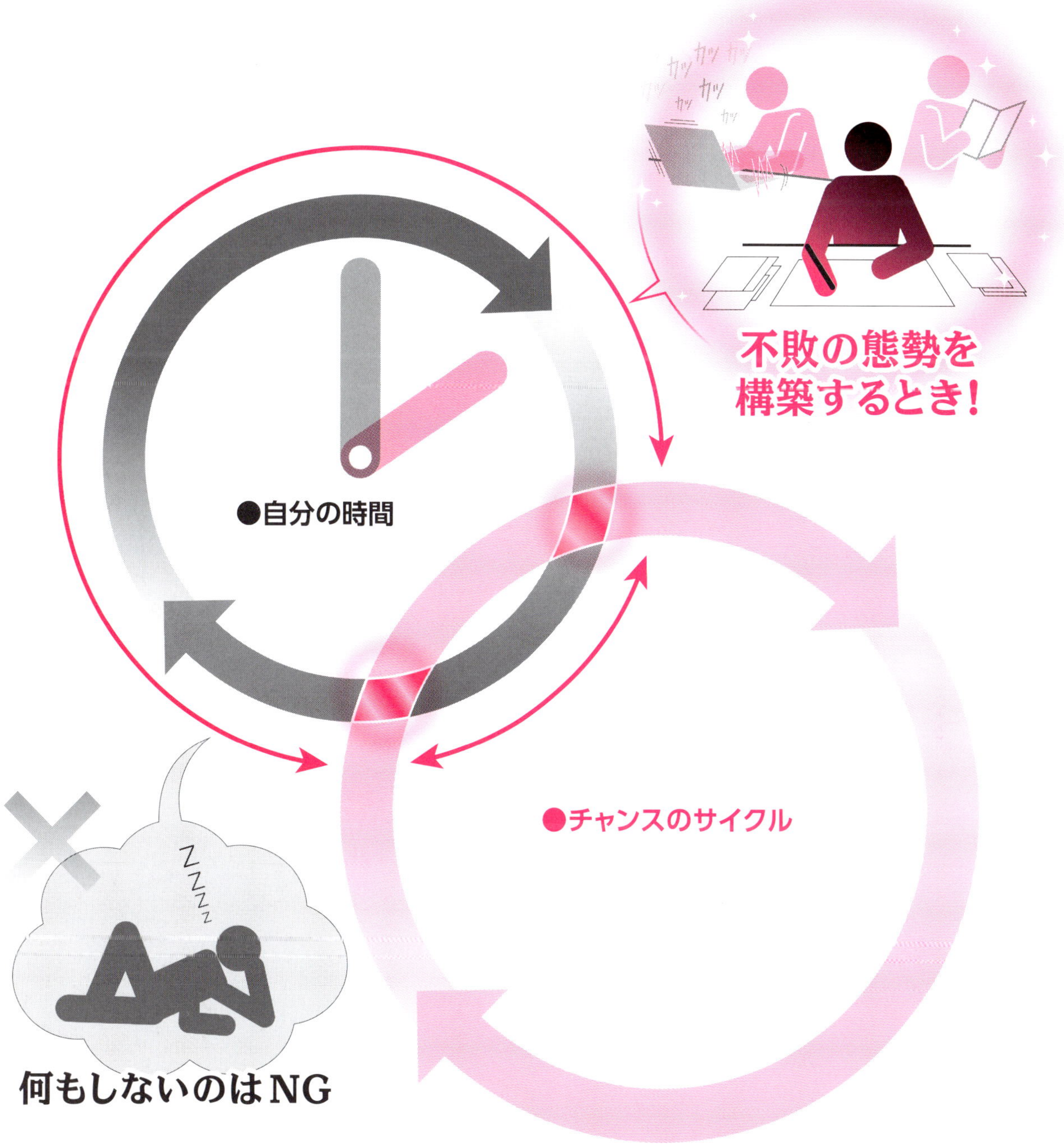

孫子ならどうする

機会のない時間にこそ、機会に近づく。チャンスをつかむ力を蓄えるべし。

27

事を起こすときは主導権を握ることに注力する

――主導権を握られた後に勝負に出ることの無意味

主導権を握ることに貪欲になれ

『孫子』を読むと、戦場には三つの時間帯があることがわかります。

①主導権がまだ定まっていないとき
②実際の戦闘
③戦闘の結果、大勢が決定したとき

主導権がまだ定まっていないときとは、言ってみればプロジェクトリーダーを探しているときです。手を挙げて、存在感を示すことができればリーダーになれる時間帯です。

営業なら、提案見積もりが募集されている時期にあたります。

実際の戦闘とは、決定したチームで活動をするときです。

大勢が決定したときとは、物事に決着がついた時期のこと。プロジェクトで言えば、成否が明確になったとき。営業であれば、どこの企業が受注するか決定したときでしょう。

「勝機を見出したときは、すかさず攻勢に転じなければならない」
「攻めにまわったときはすかさず攻めたてて、敵に守りの余裕を与えない」
「あらかじめ勝利する態勢をととのえてから戦う者が勝利を収め、戦いをはじめてからあわてて勝機をつかもうとする者は敗北に追いやられる」

『孫子』の言葉からうかがえるのは、主導権がまだ定まっていない時期の時間密度が重要だということ。

この時間帯で勝負をかけることで、残りの時間帯の成果が完全に決まるからです。

主導権が定まっていないときこそ、全力で勝負をかけるときです。

プロジェクトのリーダーが決定したあと、立候補しても意味がありません。

敗北者は時間について驚くほど無知である

主導権が定まっていない時期には、誰にでも平等にチャンスはあります。

しかし、これは一瞬で終了する時間帯でもあります。運命の女神が、誰にこの機会を託そうか、あたりを見回しているときなのですから。

敗北者は、三つの時間帯にあまりにも無知です。時間の密度がいつも同じ。今ではなく、あとでがんばっても同じだろう、という姿勢なのです。

勝者は万難を排して、この機会を活かすために運命の女神に殺到します。

主導権を握れば、それ以降の時間帯を驚くほど有利に、幸せに過ごせるからです。

『孫子』が「速さを重視する時間帯」とは、主導権が宙に浮いているときです。

リーダーが決まれば、プロジェクト中ずっと立場は変わりません。

その機会を逃せば、永遠にチャンスは巡ってこないのです。

勝者は戦場の三つの時間帯を驚くほど意識しています。

戦場の時間帯に鈍感な敗者は、常に勝利と幸せを誰かに奪われ続けるのです。

27 3つの時間帯にどう向き合うかで勝敗は決まる

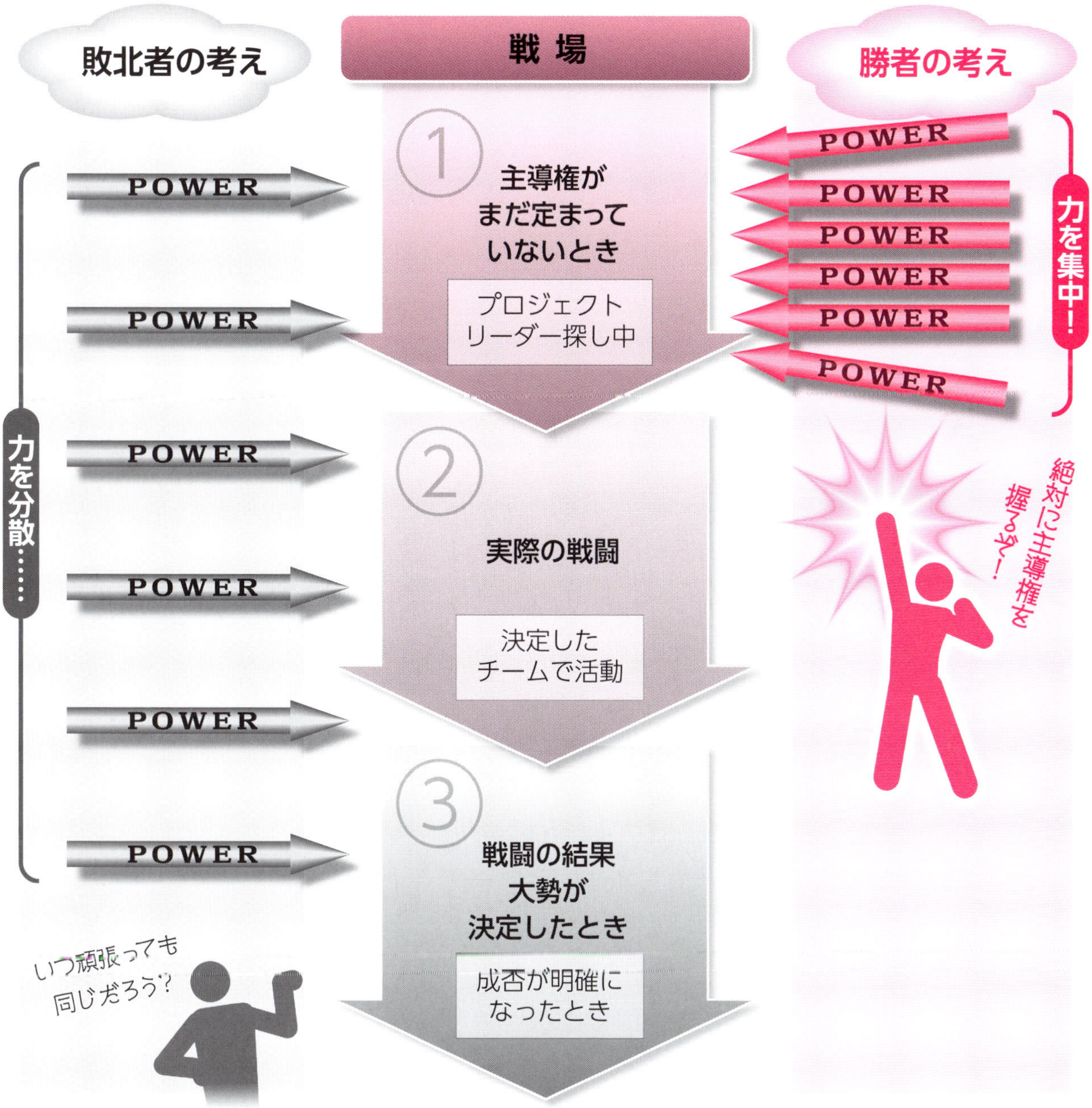

孫子ならどうする

戦場を区切る、3つの時間帯の最初にすべてを集中する。主導権を手に入れることに、最大の努力を注ぎ込むべし。

28 決着は短期決戦でつける！

――「待ち」の時間の過ごし方で勝敗の行方は決まる

進学、仕事、結婚――選択肢のある時間は短い

主導権を手に入れるためには、時間の区分に敏感でなければなりません。

つまり、それ以降の大勢を決する要素を、正しく見極めることです。

選択が可能な時間帯に、自分の最大限の能力を発揮することです。

長い人生の中で、選択肢を与えられる時間帯はごく短いものです。

進学する学校を選ぶ時間と、その学校に通う時間の比率。

仕事を選ぶ時間と、その仕事に従事する時間。

恋人と交際を始める時間と、それからの交際期間。

結婚を決めた時間と、結婚生活が続く期間。

選択肢がある時間は短く、その決定は長期に影響を及ぼすことがわかります。

「短期決戦に出て成功した例は聞いても、長期戦に持ちこんで成功した例は知らない。そもそも、長期戦が国家に利益をもたらしたことはないのである。それ故、戦争による損害を十分に認識しておかなければ、戦争から利益をひき出すことはできないのだ」

幸運な機会、珍しい機会を手にしたとき、短期で勝敗を決する覚悟が必要です。

時間をいたずらに浪費すれば、チャンスと思えたものもチャンスでなくなります。

すべてが変えられなくなったあと、どれほど努力を注ぎ込んでも無意味です。

物事が変えられる時間に、短期決戦で勝敗を決める必要があるのです。

機会を待つ時間は力を蓄える時間。無駄に過ごしてはいけない

仕事も人生も、勝つために全力を尽くす刻（とき）があるのです。

しかし機会を最大限活用できる時間は、ほんの限られた瞬間です。

枠組みが決まったあとは、新たな変化の兆しを待つ必要があります。

「味方の態勢をととのえて敵の乱れを待ち、じっと鳴りをひそめて敵の仕掛けを待つ」

戦いでは、こちらの態勢が完璧でも相手に隙が必要だからです。

隙のない状態では、こちらの準備を重ねるしかありません。

また、いったん勝負が決したら、この人生ではやり直しができない機会もあります。

その場合、その戦場から立ち去り、別の機会を求める必要があります。

雌伏《しふく》の時間は、面白いものでも、楽しいものでもありません。

しかし、戦場における三つの時間区分を理解した対処であることは事実です。

次の機会を、疾風のように攻めるには、機会を待ち、力を蓄える時間が必要です。

単に、時間の使い方に敏感になるのではありません。

現れる機会をつかむために、時間をどう使うかに敏感になるべきなのです。

28 全力で戦うべき瞬間を見抜く

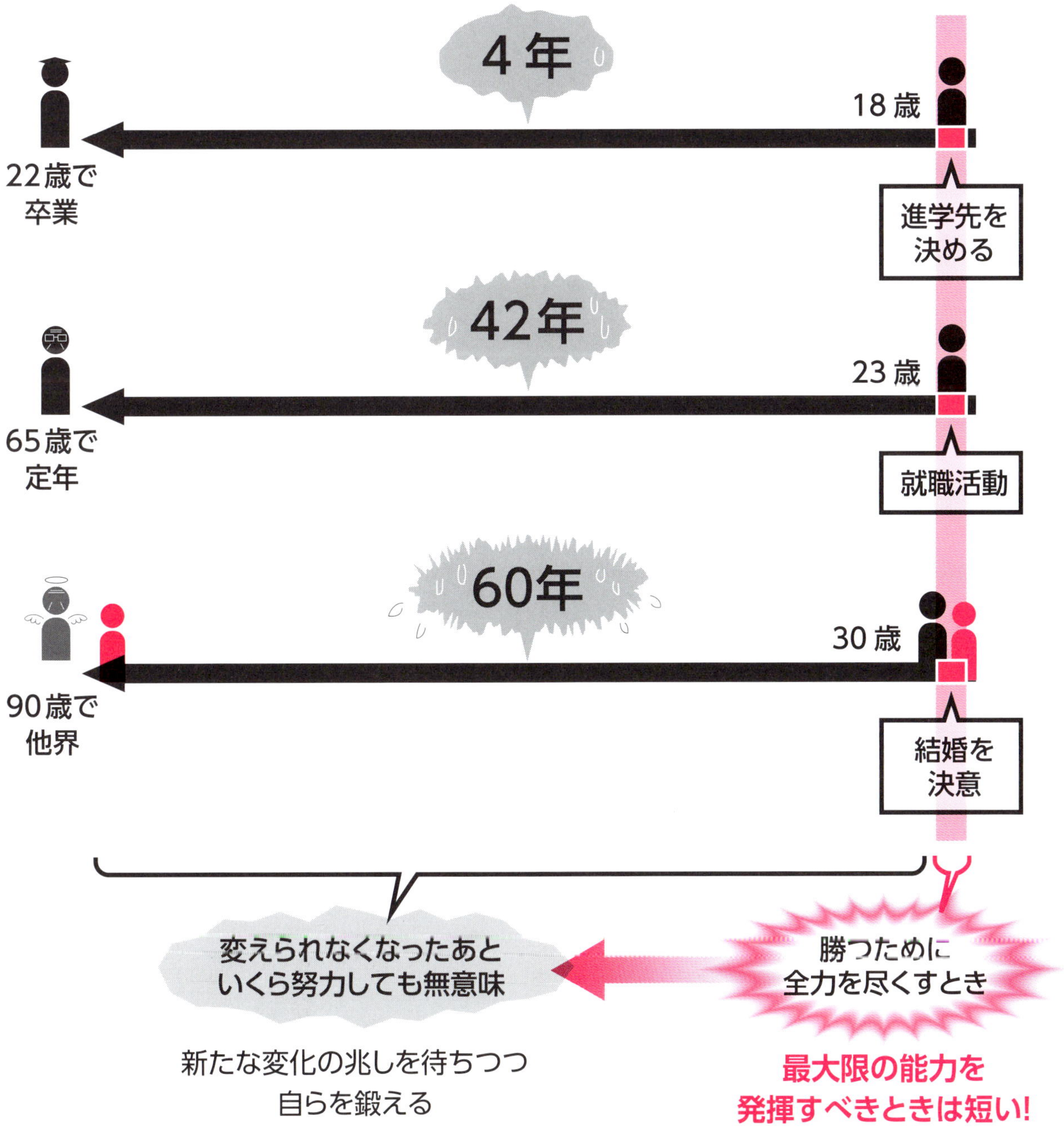

孫子ならどうする

物事を選ぶ、変えることが可能な時間に全力で戦う。雌伏の時間に自らを鍛えよ。

29

ダラダラと同じやり方を続けない

――『孫子』に学ぶ時間の経過を味方につける方法

◆時間の経過に無関心だと人生を無駄にする

『孫子』の第二編は「作戦編」となっています。その最初には、戦争には膨大なコストがかかることが述べられています。

そのため、優れたリーダーは短期決戦で勝つべきだ、というのが『孫子』の指摘です。

「およそ戦争というものは、戦車千台、輸送車千台、兵卒十万もの大軍を動員して、千里の遠方に糧秣《りょうまつ》を送らなければならない。したがって、内外の経費、外交使節の接待、軍需物資の調達、車軸・兵器の補充などに、一日千金もの費用がかかる。さもないと、とうてい十万もの大軍を動かすことができない」

新しい活動、新しいビジネス計画にはお金がかかるものです。

そのため、あまり長期の計画で資金を投入し続けることはリスクとなります。

『孫子』は、遠方の地で戦争を続ける輸送コストについて書いています。遠ければ遠いほど、一日の費用は高くなります。時間というものは、慎重に扱わなければ敵に回ることになるのです。

リーン・スタートアップという言葉が近年話題になっています。事業を計画する際、段階的に修正や効果測定を行う方法です。大きな計画の最後に効果を測定するより、時間のリスクを軽くできるのです。

時間の経過は、コストでありリスクです。時間がコストであれば、相手が粘るところが負けます。時間がリスクであると、社会が変化すればこちらが負けます。

「兵は拙速を重んじる」のは、時間にまつわる危険を避ける発想なのです。

◆時間の経過は勝者をも型にはめてしまう

時間の危険性はコストやリスクだけではありません。

人も組織も、時間の経過で「型にはまりやすくなる」のです。

典型的な例が、成功体験の呪縛です。以前成功した方法を使いたがる。以前と違う考え方、やり方を排除したくなる。おそらく、その兆候はあなたが属する組織にもあるのではないでしょうか。

個人のレベルでも、年を取ると、意固地になると言われます。頭が固くなり、柔軟な発想を嫌うようになるのです。

「同じ戦争態勢を繰り返し使おうとするが、これは間違いである。戦争態勢は敵の態勢に応じて無限に変化するものであることを忘れてはならない」

『孫子』はあくまで、戦場の現実に焦点を合わせよと私たちに教えています。

これまでのやり方ではなく、社会変化に一致する方法を選ぶのです。

世の中が変わったのに、自らの考えをまるで変えないのでは危険です。

敵の態勢も、社会も無限に変化するのですから。

時の経過に負けないためには、環境に合わせて自ら変化すべきなのです。

29 時間にまつわる危険を避ける

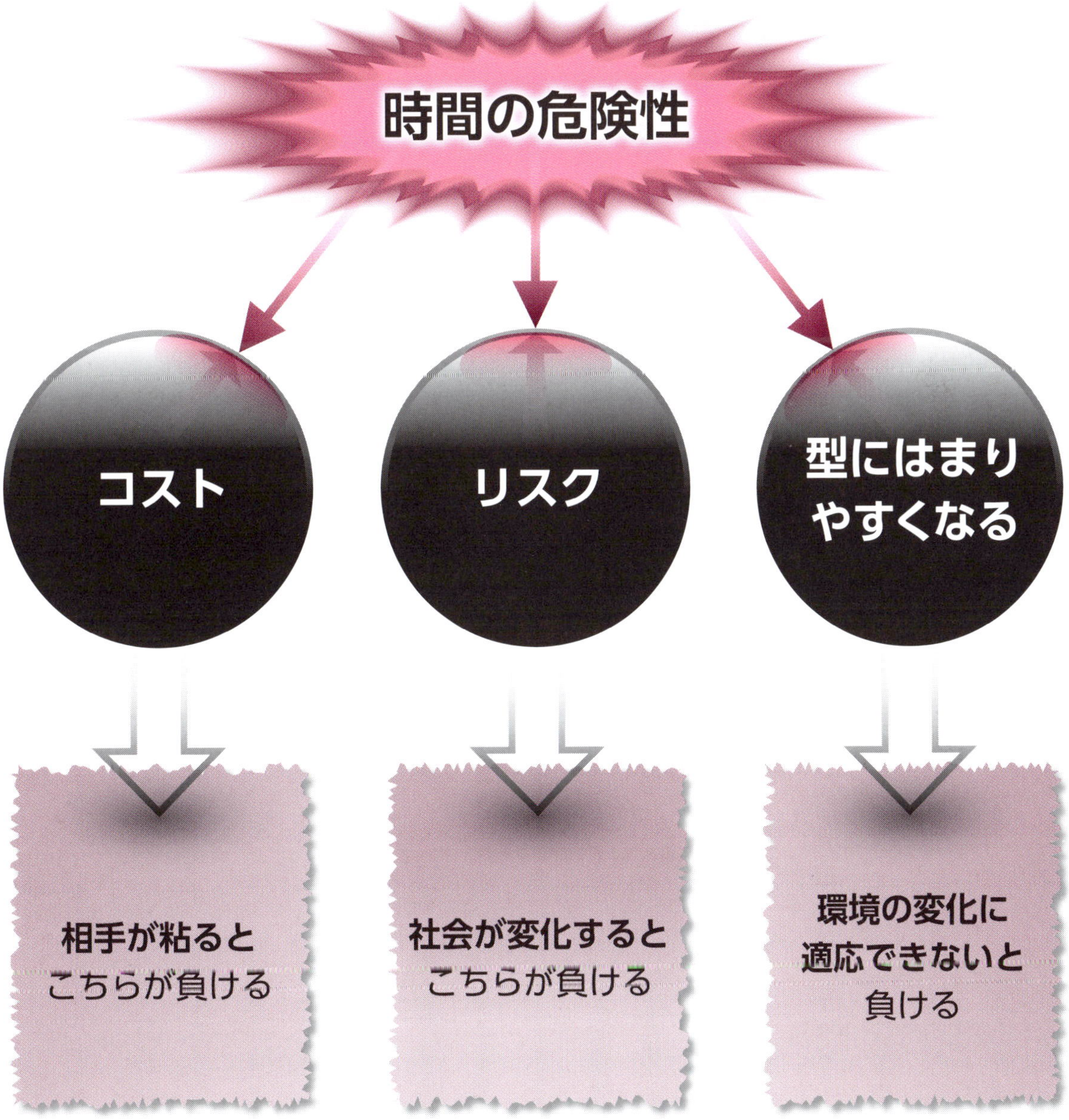

孫子ならどうする

時間の経過に伴う、コストとリスクに注意。
時間の経過で「型」にはまるべからず。

30

他人に学び、つねに自分を変化させる

——時を味方にするには、水のように不定形であれ

◇時間の経過とともに、生まれ変わる人間であれ

人間は、時間とともに年を取ります。

変化を嫌う組織も、時間とともに年を取ります。

一方で、時間の経過でますます新しくなる組織もあるのです。

「音階の基本は、宮、商、角、微、羽の五つにすぎないが、その組み合わせの変化は無限である。色彩の基本は、青、赤、黄、白、黒の五つにすぎないが、組み合わせの変化は無限である。（中略）戦争の形態も「奇」と「正」の二つから成り立っているが、その変化は無限である」

時間の経過とともに新しくなる人は、新たなものを取り入れて変化します。

時間の経過とともに新しくなる組織は、新たなものを取り入れて変化します。

私たちは外部から新たな要素を取り入れて、自らと組み合わせればよいのです。

自分だけ、自分の内面からのみ新たなものを生み出し続けることはできません。

日々新しくなるのは、外の世界に目を向け、取り入れて組み合わせる者だけです。

外に目を向けない者は、時の変化に取り残されます。

新たなものを吸収しない者は、時の変化で古くなります。

『孫子』は、変化は無限に可能であると言っています。

それは新たな組み合わせを実現したときにできることです。

時間に打ち勝つためには、外に目を向け、新たなものを取り入れることです。

◇「成功を重ねるごとにどんどん柔軟になる人」を目指せ

何も意識しなければ、人は時間とともに頭が固くなります。

そこには一つの終着点があります。

自分の意見を変えられなくなったとき。

他人の中に、優れた点を見つけられなくなったときです。

自分は悪くない、でも他人への批判はやたらと厳しい人がいるものです。

自らの傲慢さ、という大きな落とし穴が足元にあく時期なのです。

「戦争態勢は水の流れのようであらねばならない。水は高いところを避けて低い所に流れていくが、戦いも、充実した敵を避けて相手の手薄をついていくべきだ。水に一定の形がないように、戦いにも、不変の態勢はありえない。敵の態勢に応じて変化しながら勝利をかちとってこそ、絶妙な用兵といえる」

水は、地形の高低に素直に応じて逆らうことがありません。

社会の変化に応じて、それにぴったり寄り添い柔軟であること。

以前とは、勝利の条件は異なるはず、と考えられるかどうか。

積み重ねた成功に、また一つ勝利を重ねられる人は、柔軟なのです。

30 無限に変化し続けるために大切なこと

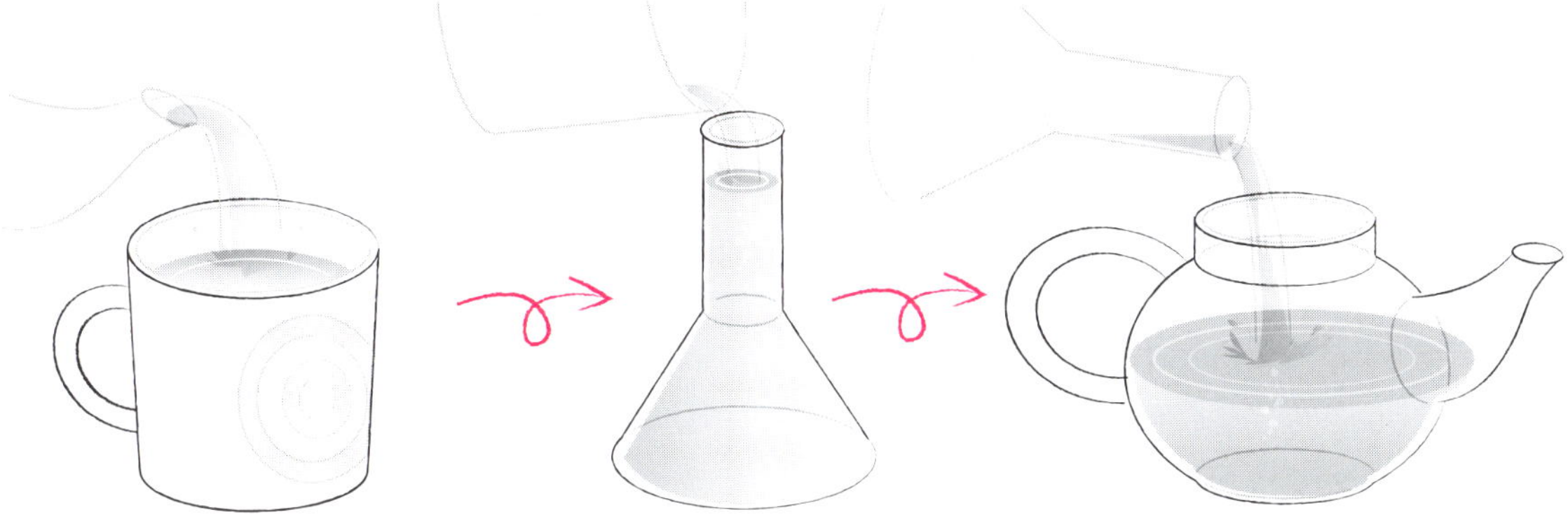

水のように、社会の変化に応じ
ぴったり寄り添い柔軟であることが大切

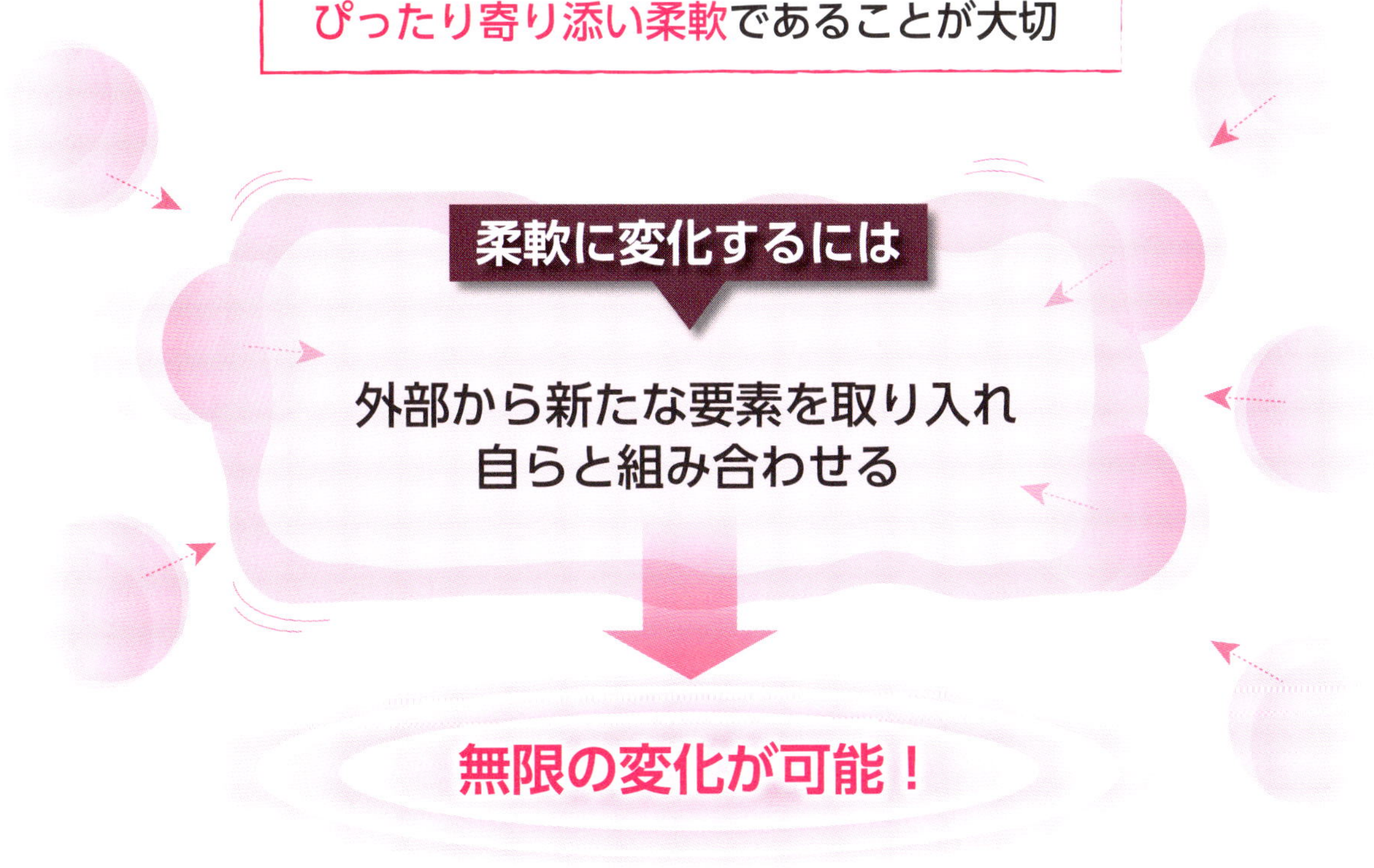
柔軟に変化するには
外部から新たな要素を取り入れ
自らと組み合わせる
無限の変化が可能！

孫子ならどうする

時間を味方にするには、変化し続けよ。
水のごとく地形に逆らわず、柔軟性を維持すべし。

COLUMN 4

孫武がどうしても伝えたかったこと ――「生き残れ!」

もし孫武が現代に生きていたら、どんな人物だったでしょうか。

彼は、2500年前に書かれて今も研究されている書籍の著者です。

人類の歴史上、もっとも長く読み継がれている本の一つと言ってよい『孫子』。

皆さんは本書を読んで、孫武がどんな人物だとイメージしたでしょうか。

彼がもし私たちの上司だったら、同僚だったら、部下として入社してきたら。

現在の社会でビジネスを立ち上げたら、政治家を目指したら。

どのような成果で私たちを驚かせることになったでしょうか。

人類の歴史上、最も多く読まれた戦略書を残した男。

彼の戦略は、東洋そしてのちには西洋の偉人や軍人が活用して歴史を創り上げました。

この世界を現在の形にした英知の一つが、孫武の書き上げた書だとも言えるのです。

長い歴史で何度か洗練された書式になったであろう『孫子』には、洗練ゆえの一片の冷酷さが感じられます。

しかし、その冷酷さの行間には、孫武のある強いメッセージが隠れていることを、読者の皆さんは感じるでしょうか。

「生き残れ、かならず生き残れ。そうすればかならずチャンスはある」

国家が滅亡すれば、再びのチャンスはありません。

すべてを失う大失敗だけは、なんとしても避けねばなりません。

だからこそ、『孫子』の全編には、完全敗北の罠にはまってはダメだ! という孫武の警告、注意、叱責の強い思いが込められているのを感じるのです。

彼が見て体験した時代、彼が歴史として研究した事跡の中には、多くの国が栄え、そして戦いで滅亡した出来事が何度も繰り返されたのでしょう。

決して100%の敗北はしてはいけない、そんなことをする必要もない。

勝てないなら一時は逃げる。逃げても、粘り続けていれば、必ず勝機はおとずれる。

経験から戦略を導き出した孫子は、時間と経験の蓄積の威力を理解していたはずです。

『孫子の兵法』の読者、孫武の弟子と言ってもよい私たちは、安易な諦めや妄動とは対極の立場に身を置かねばなりません。勝利をつかむためには、必ず生き残るべきだからです。■

第5章

個人の能力ではなく、人間同士の結束力に目をむけよ

──『孫子』に学ぶ **不敗のリーダーシップ**

31

〝知ったつもり〟を捨てれば人はついてくる

――『孫子』が説く、リーダーが果たすべき役割

◆戦力の6割は、組織の優劣で決定される

意外なことですが、『孫子』は組織論をかなり重視しています。

原書では、戦略とほぼ同じ分量を、組織の記述に割いているほどです。

その組織論において、『孫子』が言及している組織人の類型は主に三つ。

君主、将帥、兵士です。

君主はトップ、将帥は幹部やマネージャー、兵士は部下にあたります。

「まず五つの基本問題をもって戦力を検討する。

「道」とは、国民と君主を一心同体にさせるものである。

これがありさえすれば、国民は、いかなる危険も恐れず、君主と生死を共にする。

「天」とは、昼夜、晴雨、寒暑、季節などの時間的条件を指している。

「地」とは、地勢の険阻、地域の広さ、地形の有利不利などの地理的条件を指している。

「将」とは、知謀、信義、仁慈、勇気、威厳など将帥の器量にかかわる問題である。

「法」とは、軍の編成、職責分担、軍需物資の管理など、軍制に関する問題である」

◆「知ったつもり」の中途半端なトップになってはいけない

『孫子』の「始計編」の二番目に出ている五つの基本問題。

五つのうち、なんと三つ「道」「将」「法」が組織の問題です。

自軍の戦力の大半は、組織力の優劣に左右されているのです。

「道」とは、国民と君主を一心同体にさせるものである。

これがありさえすれば、国民は、いかなる危険も恐れず、君主と生死を共にする。

「道」は企業、組織、チームの基本的な目標・理想にあたります。

最近では、企業理念と言い換えてもよいでしょう。

社員全員が、真剣に追いかけたいと熱望する目標をトップが掲げているかです。

「将」とは、知謀、信義、仁慈、勇気、威厳など将帥の器量にかかわる問題である。

「将」は幹部や、マネージャー職として現場の指揮を執り、統率する人物です。

彼らが優秀であるか無能であるかで、組織の戦力は大きく変わります。

「法」とは、軍の編成、職責分担、軍需物資の管理など、軍制に関する問題である。

「法」は会社の基本ルールです。社是、社則のほかにマネジメント手法を指します。

孫子は「この五つの基本原則は将帥なら誰でも一応知っている」と指摘します。

しかし戦場で勝利を収めるのは、真の理解者だけだと警告しています。

知ったつもりの中途半端な将帥は、組織力を高めていないからです。

組織が実力を発揮するポイントを、理解だけでなく、使いこなせているかです。

君主と将帥は協力し、組織の基本的な力を高めるべきなのです。

31 『孫子』は組織論を重視していた

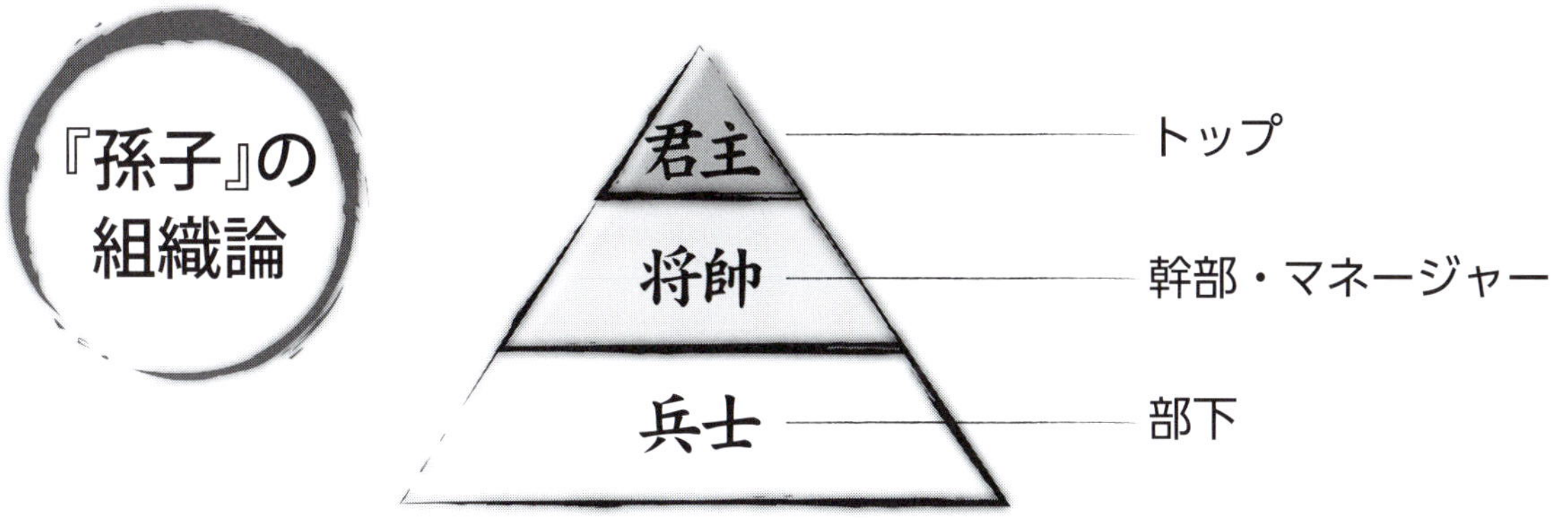

戦力を検討するための5つの基本問題（「始計編」より）

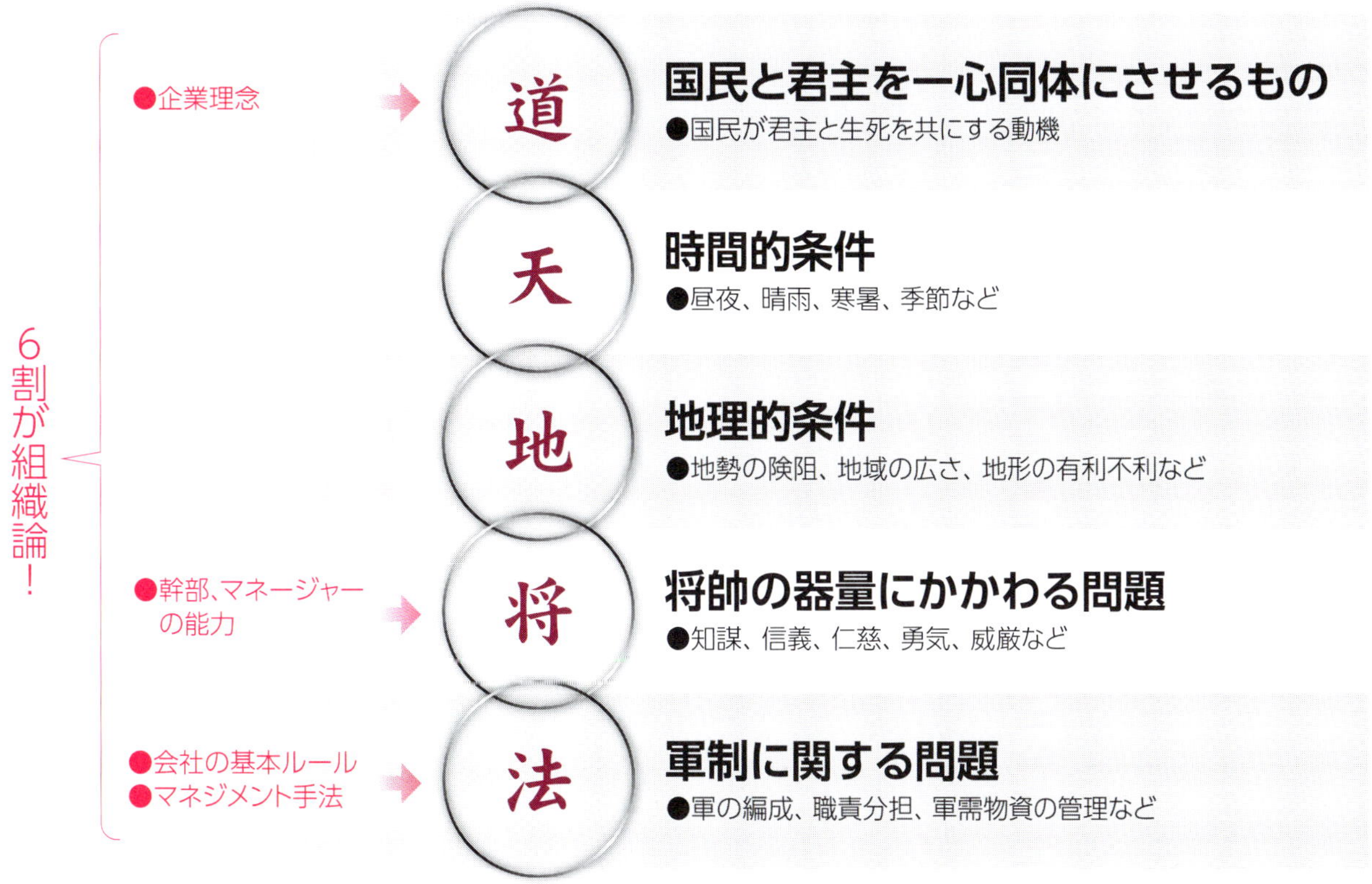

孫子ならどうする

企業の実力を決める組織力。
将たる者は、隅々まで気を配ること。

32

トップは七つの視点で勝敗を判断すべし

――トップが備えるべき「広い視野」と「人材育成の軸」

◆上に立つなら「全体をきちんと見る」ことを最優先させよ

トップがまず果たすべき役割について。トップはスポーツにおける監督のようなもの。ゲーム全体を視野に入れることが求められます。

敵チームの状態、敵の監督や選手の癖まで見抜くことが必要です。

さらに、現場全体を引っ張れる優れたリーダーを決めるのも監督の仕事です。

「一、君主は、どちらが立派な政治を行っているか
二、将帥は、どちらが有能であるか
三、天の時と地の利は、どちらに有利であるか
四、法令は、どちらが徹底しているか
五、軍隊は、どちらが精強であるか
六、兵卒は、どちらが訓練されているか
七、賞罰は、どちらが公正に行われているか
わたしは、この七つの基本条件を比較することによって、勝敗の見通しをつける」

トップはビジネス全体を見渡すことが必要です。

「どちらが」という言葉は、ライバルや勝っている企業を指しています。

競合企業や理想の会社と比較してみる。

モノだけを見るな、人だけを見るな、ライバルだけを見るな。

『孫子』は徹底して「視野狭窄《きょうさく》」を戒めます。

戦いで熱くなると、どうしても思考が狭くなります。特に苦戦していると、目の前の戦場しか見えなくなりがちです。そんなときこそ、視野を広げて、組織力を複数の要素で高めるべきと『孫子』は繰り返します。

◆補佐役の幹部やマネージャーと親密な関係を築け

トップは、補佐役である幹部やマネージャーと良い関係を築く必要があります。

「将軍というのは、君主の補佐役である。補佐役と君主の関係が親密であれば、国は必ず強大となる。逆に、両者の関係に親密さを欠けば、国は弱体化する」

「必ず勝てるという見通しがつけば、君主が反対しても、断固戦うべきである。逆に、勝てないと見通しがつけば、君主が戦えと指示してきても、絶対に戦うべきでない」

「君命には、従ってはならない君命もある」

トップと幹部の関係が疎遠であれば、組織が勝てるはずはありません。

これは当然のことです。

「君命には、従ってはならない君命もある」とは、将帥への言葉です。

これは命令違反や軍紀違反を奨める言葉ではありません。

幹部を「勝利という結果」を中心に思考と行動をさせよ、というアドバイスです。

君主はすべての戦場に、目を行き届かせることができません。

戦場のリアルは、統率をする将軍であるマネージャーのみが知ります。

トップは「勝利という結果」を中心に、思考と行動ができる幹部を育てるべきなのです。

32 勝敗を見通す７つの視点

一、君主は、どちらが立派な政治を行っているか

二、将帥は、どちらが有能であるか

三、天の時と地の利は、どちらに有利であるか

四、法令は、どちらが徹底しているか

五、軍隊は、どちらが精強であるか

六、兵卒は、どちらが訓練されているか

七、賞罰は、どちらが公正に行われているか

孫子ならどうする

**トップには視野の広さが必要。
しかし、すべての戦場に目を行き届かせることはできないと心得よ。**

33 達成可能な目標とその越え方を明示する

——「勝てる戦場」へ導き、部下の「死力」を引き出す

時流にきちんと乗り、流行をつかまえる

君主、トップに求められるのは、勝てる戦争を選ぶことです。

『孫子』は「部下に死力を尽くさせる」ことを統率の基本としています。

これは、負ける戦場に送り込み、必死に戦わせるという意味ではありません。

勝てる戦場に送り込み、なおかつ必死に戦わせて勝利を手にすることです。

現代はつくれば売れる世の中ではありません。消費者が今、欲しいものをつくらなければ、売れません。つくるモノが変更できないなら、それを欲しい人をさらに広く探して売る時代です。

「戦上手は、なによりもまず勢いに乗ることを重視し、一人ひとりの働きに過度の期待をかけない。それゆえ、全軍の力を一つにまとめて勢いに乗ることができるのである」

「戦争の段取りは、まず将軍が君主の命を受けて軍を編成し、ついで陣を構えて敵と対峙するわけであるが、そのなかでもっともむずかしいのは、勝利の条件をつくりだすことである」

トップが厳しく判断すべきなのは、自社が時流に乗れているかです。

時流に乗ったビジネスをしているか、流行をつかんでいるか。

これから欲しいと思われる存在を目指しているかです。

トップは勝てる戦争を選び、将軍と兵士に出撃命令を下す必要があります。

これは、勝てる戦場を発見し、勢いに乗って勝利を収めるためなのです。

「挑むべき目標」「越えるべき壁」「倒すべき敵」を明確にする

勝てる戦場を選んだら、兵士を戦いに駆り立てなければなりません。

モチベーションの強さは、多くのビジネスで勝利の原動力だからです。

「兵士を戦いに駆りたてるには、敵愾《てきがい》心を植えつけなければならない。また、敵の物資を奪取させるには、手柄に見合うだけの賞賜を約束しなければならない。それゆえ、敵の戦車十台以上も奪う戦果があったときは、まっさきに手柄をたてた兵士を表彰する」

敵愾心を植えつけるとは、どんなことを意味するのでしょう。

挑むべき「新たな目標」を目の前に提示することです。越えるべき「目の前を塞ぐ壁」を意識させることです。目標達成のため「倒すべき相手」の存在を明確にすることです。

上司が目標を掲げ、部下の成果を妨げる壁を教え、敵の存在を意識させる。

そうやってはじめて、部下は本気の戦いを始めるのです。

壁を乗り越えた部下は称賛し、成果に応じて報いることです。

勝つことの味を覚えたら、やがて部下は戦闘のたびに勇躍することになるでしょう。

33 「上に立つ者」に求められるもの

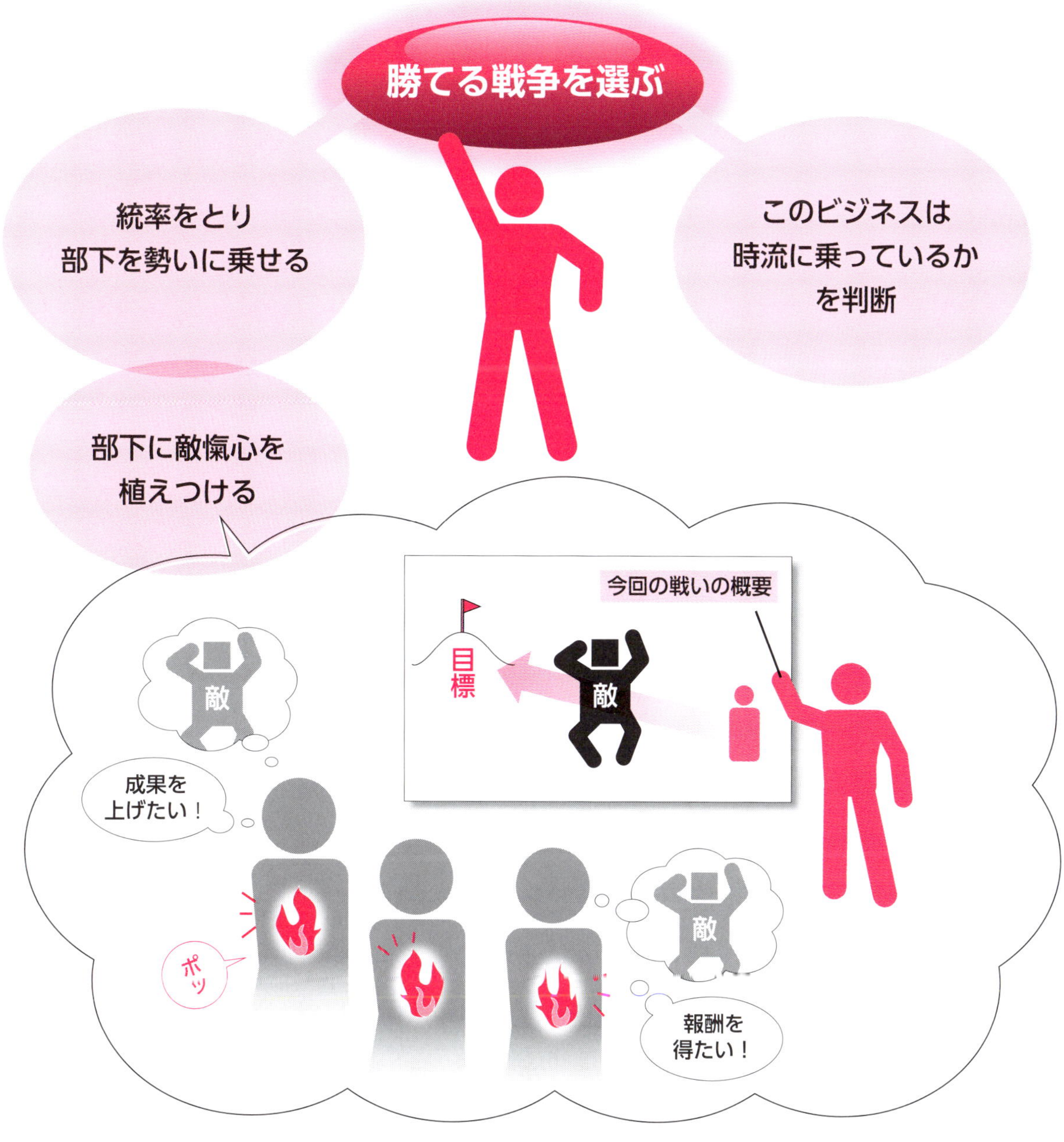

孫子ならどうする

時流に乗り、流行を捉えて自社に勢いを生み出す。しかるのち、部下に「倒すべき敵」を教えよ。

34

結果ではなく、経験の蓄積で人は成長する

――『孫子』に学ぶ、組織を強くする「正しい修羅場」

◇メンバーを「自然と死力を尽くす」ように仕向ける

『孫子』の組織論の原則は「兵に死力を尽くさせること」だと先に述べました。

兵士の意思に頼るのではなく、自然にそうなるように仕向けるのです。

「逃げ道のない状態に追い込まれると、一致団結し、敵の領内深く入り込むと、結束を固め、どうしようもない事態になると、必死になって戦うものだ。したがって兵士は、指示しなくても自分たちで戒めあい、要求しなくても死力を尽くし、軍紀で拘束しなくても団結し、命令しなくても信頼を裏切らなくなる」

これを読むと「とりあえず窮地に陥れたらよいのか」と勘違いする人もいるでしょう。

それは半分正しく、半分は間違っています。

『孫子』が目指している最終目標は、次の通りだからです。

◉一致団結し、結束を固め、必死になって戦う
◉指示しなくとも自分たちで戒めあう
◉要求しなくとも死力を尽くす
◉軍紀で拘束しなくても団結する
◉命令しなくても信頼を裏切らなくなる

生き残る方法を知らない新人を窮地に陥れたら、必ず大失敗します。

戦線から逃げ出すか、すぐに討ち死にするのがオチなのです。

◇窮地で組織が団結するための条件

太平洋戦争で、戦闘機のパイロットを養成したときのこと。

米軍も日本軍も、ひよっこパイロットは、出撃した当日か数日以内に戦死しました。

ベテランパイロットも飛び交う戦場で、ふらふら飛ぶ新人は、格好の標的だからです。

米軍は一計を案じ、新人はベテラン機の後ろについて追いかけるだけにさせました。

敵を撃ち落とすことをやめさせ、乱戦を飛行して帰ってくる体験を積ませたのです。

戦場の経験を積むことで、ようやく冷静に飛び、心に余裕が生まれるからです。

窮地に陥れて全力を引き出すにはコツがあります。

必ず、その窮地を打開できる人をチームに入れておくことです。団結するには、団結の核となる強い人物が必要だからです。

その人物を中心に、チームとして危機を乗り越えた時、部下は大きく成長します。

「軍紀で拘束しなくても団結する」ためには、その効果を知っている人が必要です。

チーム力を活かして勝ち抜くリーダーの下につけ、乗り越える経験をさせるのです。

『孫子』が目指す目標を無視して、部下を窮地に追い込むとどうなるか。

新人パイロットなら、一機の敵も撃墜できずに海の藻屑《もくず》となるだけです。

ベテランとともに激戦を乗り越えた新人は、次の飛行は一人で飛ぶことができます。

やがては部下を引っ張るエースになることも、十分可能になるでしょう。

34 体験を積ませるための正しい修羅場とは

窮地で全力を引き出せるようにするコツ

必ずその窮地を
打開できるリーダーの下で
窮地を体験させる

軍紀で拘束しなくても団結するには

チーム力を活かして
勝ち抜くリーダーの下で
乗り越える経験をさせる

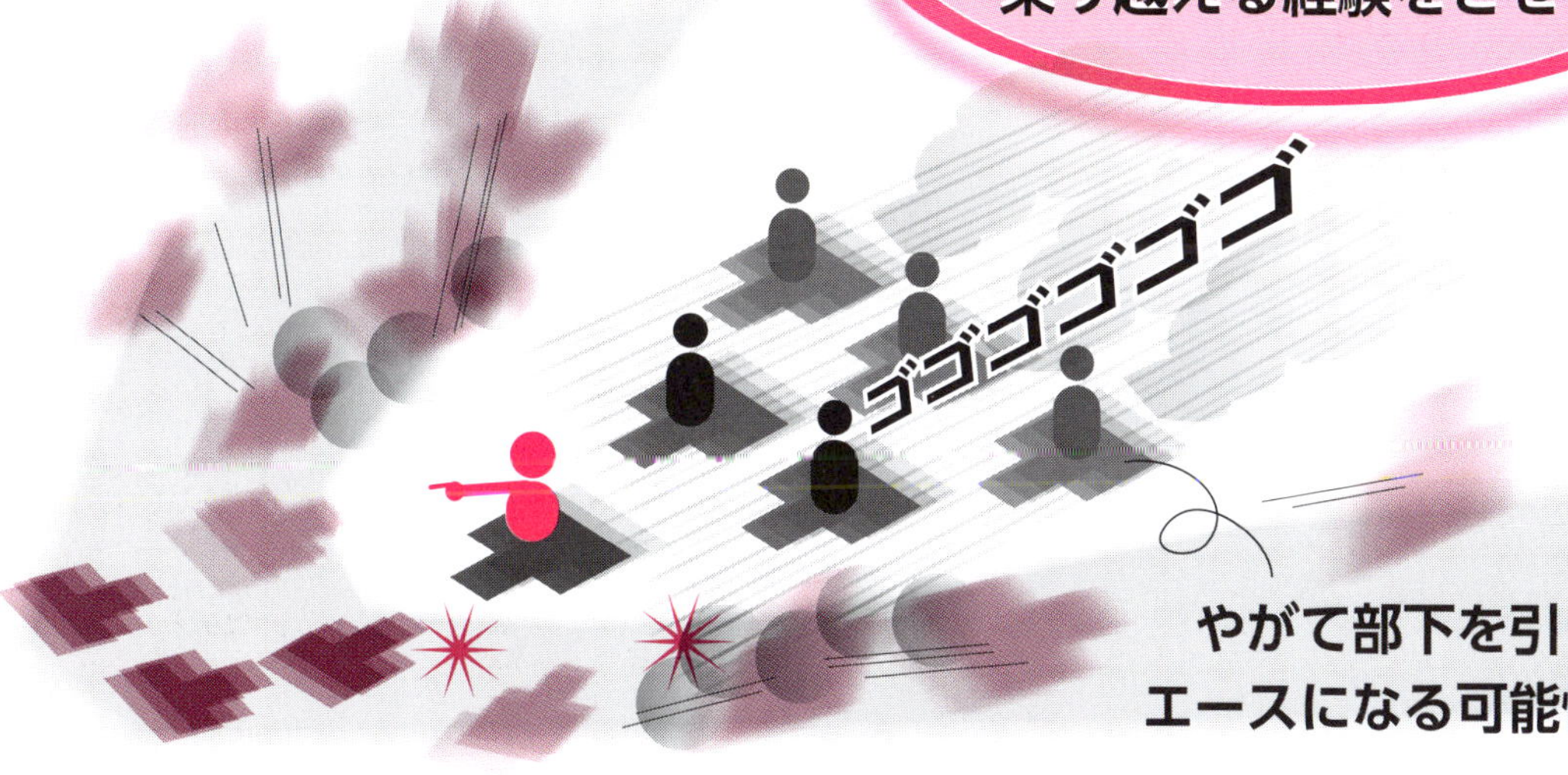

やがて部下を引っ張る
エースになる可能性がある

孫子ならどうする

正しい修羅場を準備して、
部下の死力を引き出すべし。

35

大きいことが正しいという思い込みは捨てる

——大は小を兼ねない。勝利のための『孫子』の組織論

大軍団でもメンバー一人ひとりの役割を大切にする

『孫子』は、単純な数の多さを礼賛しませんでした。

数が多いことは有利でも、「多さ」には欠点もあるからです。

「大軍団を小部隊のように統制するには、軍の組織編成をきちんと行わなければならない。大軍団を小部隊のように一体となって戦わせるには、指揮系統をしっかり確立しなければならない」

『孫子』は二つの欠点を指摘しています。

一つは「統制がとれなくなる」こと。

もう一つは「バラバラに戦うことになる」ことです。

数が増えるほど、一致団結という状態から、遠ざかる危険があるのです。

組織の人数が多くなると、数を頼みにした油断が生まれます。

自分一人が必死にならなくとも大丈夫と考えるのです。

全員が大船に乗っているつもりでは、必死で戦うはずがありません。

どれほど数が大きくとも、小部隊のような統制と意欲を維持することです。

部下一人ひとりを、責任感と危機感で張りつめた状態にするのです。

上司である、あなたが道を拓かなければ、この戦は負けると考えること。

どんなに大部隊でも、部下一人ひとりの役割の重要性を強く認識させること。

勝つリーダーは、数が多いことのデメリットを打ち消す指導力を発揮しているのです。

「兵士の数が多ければ、それでよいというものではない。（中略）逆に深謀遠慮を欠き、敵を軽視するならば、敵にしてやられるのがおちだ」

組織が大きくなると、あらゆる強みが消えていく

組織は大きくなると、なぜ強みを失うか。格好の事例を教えるビジネス書があります。

『エクセレント・カンパニー』（英治出版）。世界で700万部を売った1980年代のベストセラー書です。

なぜ、この書籍が格好の事例となるのか。それはエクセレントな企業が「膨張しても小軍団の強みを維持」しているからです。

◉行動の重視
◉顧客に密着する
◉自主性と企業家精神
◉ひとを通じての生産性向上
◉価値観に基づく実践
◉基軸から離れない
◉単純な組織・小さな本社
◉厳しさと緩やかさの両面を同時に持つ

八つの特徴を見ると、組織肥大のデメリットがわかります。

行動力がなくなる、現場に疎くなる、他人任せになる。組織が複雑になり、議論ばかりで行動力が軽視される……。

組織が大きくなるほど統率が重要になると孫子は見抜いていたのです。

35 大軍団でも小軍団の強みをもつことが大事

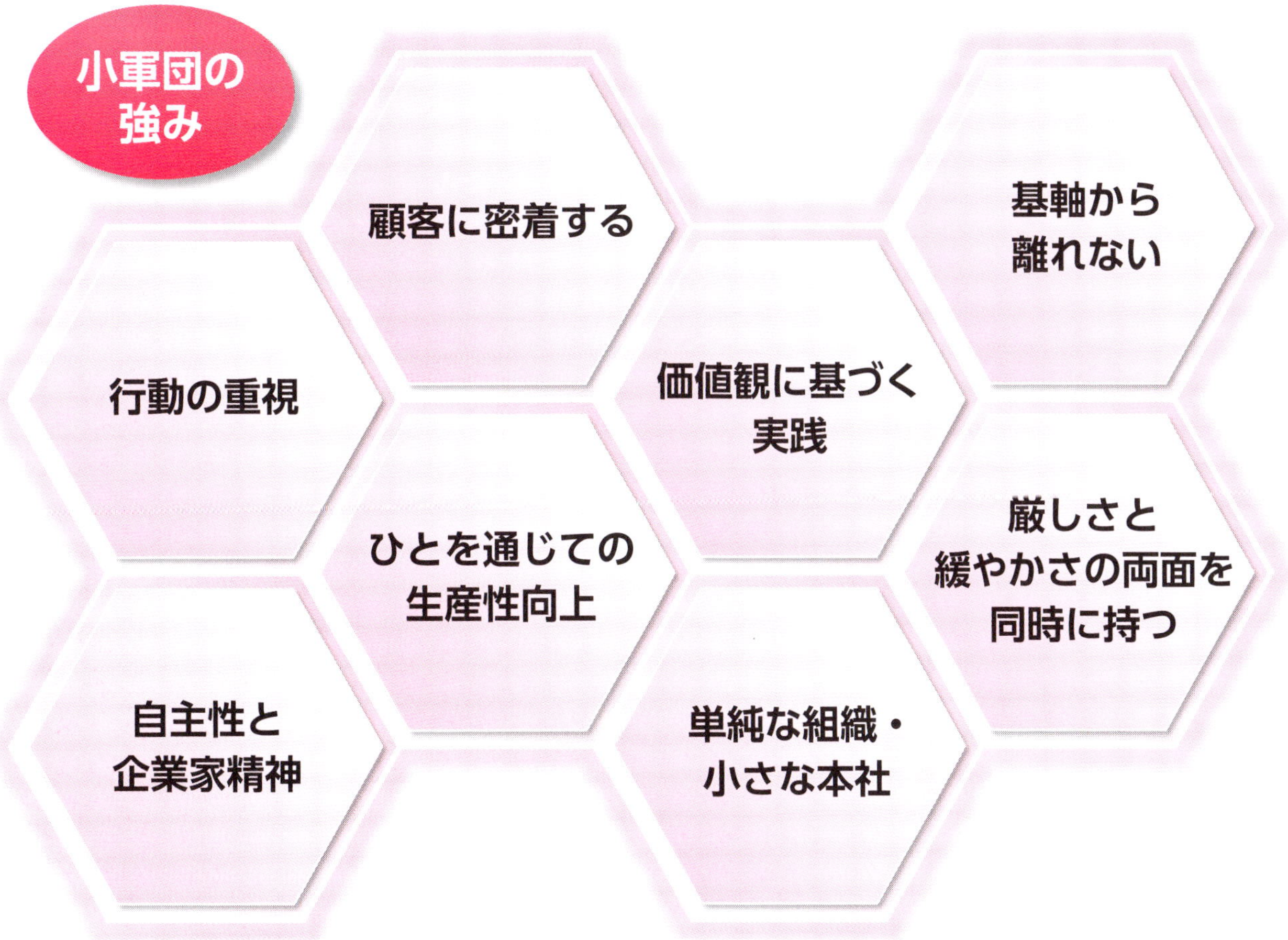

孫子ならどうする

数頼みの油断を警戒せよ。
組織のサイズに比例して、優れた統率力を発揮しなければ勝てない。

36 役割を明確にして部下の集中力を高める

——大軍を率いる、シンプルかつ明確な采配

部下が多いほど、わかりやすい指示を意識する

人数が多くなると、統率はより難しくなる。

では、どのようにこの困難を乗り越えればいいのでしょうか。

『孫子』は「わかりやすさ」を強化すべきと指摘しました。

「古代の兵書に、『口で号令をかけるだけでは聞きとれないので、金鼓を使用する。手で指図するだけでは見分けることができないので、旌旗《せいき》を使用する』とある」

「金鼓や旌旗は、兵士の耳目を一つにするためのものである。これで兵士を統率すれば、勇猛な者でも独断で抜け駆けすることができず、臆病な者でも勝手に逃げ出すことができない。これが大軍を動かす秘訣である」

『孫子』は私たちに「本当に伝わっているか？」と問いています。

経営者やリーダーが、現状への危機感を持つのは当然です。

しかし、リーダーの危機感は、はたして全組織の行動を変えることができているでしょうか。

苦心の改善計画を発表しても、部下はなんとなく昨日と同じ今日を過ごす。毎日、朝礼で檄《げき》を飛ばしているリーダーを尻目に、部下たちはあいかわらず言われたことをこなすだけ。

そんな組織はよくあります。

戦いを担う部隊に、危機感が伝わらなければ戦果は変わりません。

彼らの行動が変化しなければ、どんな伝達も無意味なのです。

シンプルな指示と大きなアイコンを使い、誰にも一瞬でわかるようにする。

人数が多いほど、指示はわかりやすさが重要になるのです。

責めるのではなく適切な指示によって部下の集中力を高める

また『孫子』は、「余計な行動をする兵」と「敵から逃げている兵」の存在を指摘します。

これをビジネスに当てはめるなら、

「仕事で忙しそうに見えるのに、成績が今ひとつの部下」

「やるべきことから逃げてばかりいる部下」

にあたるでしょう。

これらはともに「やることで成果が出る作業」に集中しないことで生まれます。

上司は単に指示をわかりやすくするだけではいけません。また、彼らを責めても仕方がありません。

何をすれば成果が出るのか、そもそも求められている成果は何か、をわかっていないために、余計な仕事、本来の「敵」ではない仕事に向かってしまっている場合がほとんどなのですから。

リーダーは、彼らを集中させなければいけません。そのためには、今、目指している成果とは何かを定義し、成果が出る仕事を明示して、それに取り組ませる必要があるのです。

36 リーダーの危機感は伝わっているのか?

大軍の統率に必要なもの ＝ 伝わりやすさ

孫子ならどうする

わかりやすさと集中で、部下の行動を正しく変えよ。

37

任せると決めたら、退路を断って自由に行動させる

――型にはまった管理職に「管理」はできない

臨機応変を奨励し、あくまで成果に焦点を合わせる

普通の組織は、兵士の数が多いほど、深謀遠慮を欠く。兵士の数が多いほど、敵（問題）を軽視する。

こうした問題に対処するために、デメリットを打ち消す対策を強化しなければなりません。

部下の人数が多くなるほど、行動を重視させる。

部下の人数が多くなるほど、顧客に密着する。

部下の人数が多くなるほど、自主性を発揮させる……というようにです。

また、組織が大きくなるほど、リーダーは意識改革が必要です。

組織が膨張するデメリットに対処するには、組織のサイズに比例して、上司が統率力を強化しないと勝てないのです。

全軍を統率する、大軍団をあたかも小さな軍団のように活動させる。これは厳しい管理を意味するように感じますが、ある誤解は避けなければいけません。

『孫子』の統率は、型にはまることではないからです。

管理とは「型にはめること」ではなく、すべての部下を団結させること

数が増えることのデメリットを打ち消し、部下のやる気を100％引き出す。

その目的はあくまで「機会をつかみ」「変化に対応する」ためです。

「いったん任務を授けたら、二階にあげて梯子をはずしてしまうように、退路を断ってしまうことだ。敵の領内に深く進攻したら、弦をはなれた矢のように進み、舟を焼き、釜をこわして、兵士に生還をあきらめさせ、羊を追うように存分に動かすことだ。しかも兵士には、どこへ向かっているのか、まったくわからない。このように全軍を絶体絶命の窮地に追いこんで死戦させる。これが将帥の任務である」

「臨機応変の効果に精通している将帥だけが、軍を率いる資格がある。これに精通していなければ、たとえ戦場の地形を掌握していたとしても、地の利を活かすことができない」

「敵の態勢に応じて勝利を収めるやり方は、一般の人にはとうてい理解できない。かれらは味方のとった戦争態勢が勝利をもたらしたことは理解できても、それがどのように運用されて勝利を収めるに至ったかまではわからない」

部下から必死の行動力を引き出すこと。

指示のわかりやすさは、チャンスへ殺到することを可能にし、大胆な目標は、部下を奮い立たせる。大きな成果には、予定外の褒賞で報い、部下のやる気をさらに高める。これらは、組織が成果を挙げるための策です。

管理とは、型にはまることではありません。上司の言うことを部下に聞かせることでもありません。成果を最大化するというただ一つの目標に、すべての部下を団結させることなのです。

37 統率力の誤解に気をつけよ

大軍団を
統率する
とは……
×
上司の言うことを
部下に聞かせること
ではない
○
行け！
目標
すべての部下を
１つの目標に
団結させること
である

孫子ならどうする

管理とは、機会をつかみ成果を最大化することである。その一点を押さえ、型にはまらないこと。

38 「あいつは使えない」がログセになっていないか

——『孫子』に学ぶ、人が自然と動き出す三つの舞台

上司は人を変えようとするな。人が「変わる」舞台を用意せよ

『孫子』は、組織を効果的に率いる三つの要素を提示しました。

その三つの要素を舞台にして、人と組織を動かすためです。

「乱戦、混戦のなかでは、治はたやすく乱に変わり、勇はたやすく怯に変わり、強はたやすく弱に変わりうる。治乱を左右するのは統制力のいかんであり、勇怯を左右するのは勢いのいかんであり、強弱を左右するのは態勢のいかんである」

乱を治に変える「統制力」。

怯を勇に変える「勢い」。

弱を強に変える「態勢」。

ここには、注目すべきことが一つあります。

先に舞台としての三つの要素があり、人はそのあとに続くことです。

つまり、舞台をつくり上げると結果として人と組織が動くのです。

『孫子』は、戦場で人を変えようとするのではなく、舞台をつくれと言っています。人を変えるのは個人の問題に踏み込むことです。

人を変えようとせず、舞台を変えることで人も変わると『孫子』は言います。

私たちはよく、人の弱点や失策を批判します。しかし、その指導者が、舞台を適切につくり出しているかは疑問です。「あいつは使えない」と言う上司は、実は自分が舞台をつくれていないと白状しているようなものなのです。

自然と人が育つ舞台をつくるプロデューサーとなれ

あらゆるものは、激しい戦闘の中で簡単に混乱してしまいます。

治が乱に、勇が怯に、強が弱に変わってしまうのです。

そのようなマイナスの変化を抑え、戦果を挙げる組織を維持すること。

環境の変化の中でも、三つの舞台を正しくつくる組織が勝ち残るのです。

「ふだんから軍律の徹底をはかっていれば、兵士はよろこんで命令に従う。逆に、ふだんから軍律の徹底を欠いていれば、兵士は命令に従おうとしない。つまり、ふだんから軍律の徹底につとめてこそ、兵士の信頼をかちとることができるのである」

組織に成果を挙げさせ、人を効果的に動かすために、舞台を管理することです。

すでに何度も繰り返しましたが、管理とは人を型にはめることではありません。

変化に強くなり、機会を獲得させて、成長を促していくことです。

上司は、優れた舞台をつくり上げる名プロデューサーであるべきなのです。

その舞台に上がるだけで、誰もが優れた戦果を挙げる人に育っていく。三つの要素を兼ね備えた舞台が、人を成長させていきます。

優れた将軍は正しい舞台をつくり、維持発展させることで勝利を得ているのです。

38 リーダーは正しい舞台をつくる名プロデューサーであれ

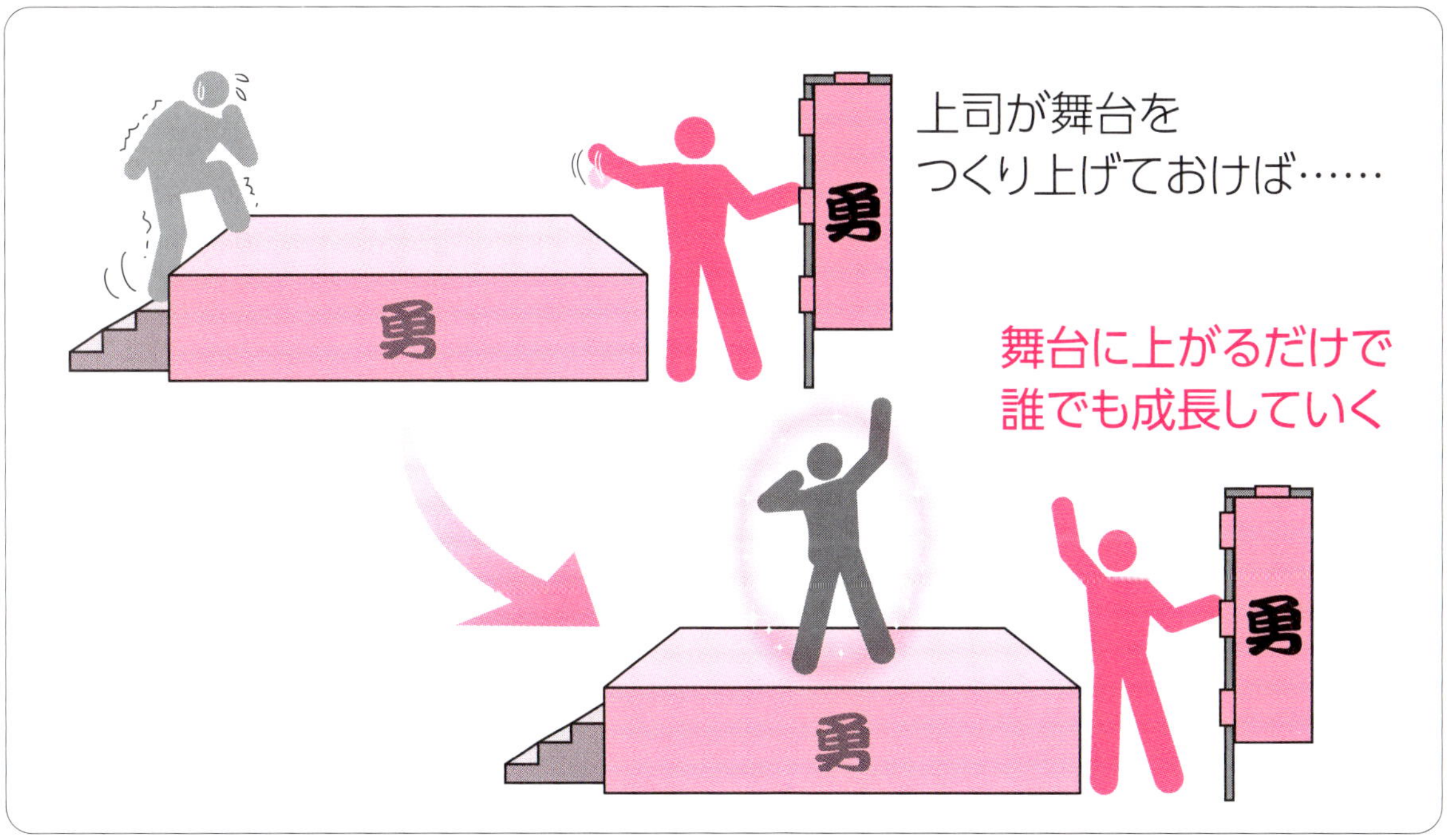

孫子ならどうする

人を動かしたいなら、3つの舞台をまず準備せよ。部下は自然と変わっていく。

39

個人より組織の力をどう高めるかを考える

――「秩序」「勢い」「強者になれる態勢」。すべて揃った組織のつくり方

不測の事態にも動じない「統制力」を生み出す

混乱は、対処法がわからないときに生まれます。

たとえば、リスクを想定しないとき。「どうしていいかわからない！」と思うと混乱は避けられません。

逆に言えば、統制力とはこのような事態を避ける能力を意味します。

◉仕事でミスをしたときの対処法を確立する
◉万一の事態を想定した計画を常に立てる
◉組織のメンバーの頭に、困難を予想させておく

このような困難も「予想されていたな」と部下に思わせる準備が統制力です。

死の恐怖が身近な戦場で「どうしたらいいかわからない！」はパニックに直結します。だからこそ、リスクや万一を想定したプラン、訓練を欠かさず行うのです。

新入社員には、これからの仕事人生で多くの困難にめぐり合うと教えておくこと。難しいことも悩むことも当たり前だと教え、その対処法にも触れておくこと。

統制力のある舞台とは、リスクを想定し、万一のプランを立てている職場です。そのような職場は、乱を治に変える統制力が発揮された舞台なのです。

マイナスをプラスに変換させる舞台をつくれ

卑怯、臆病を勇気に変える舞台とはどんなものでしょうか。

「怯」とは、おびえる、心がしりごみするなどの意味です。

「勇」は、気力が盛んに奮い立つ、いさましいという意味です。

怯は、自らがそれを乗り越えられるかわからない不安から生まれます。問題の正体がわからず、自分の能力を信じられないことから発生するのです。

そのため、「怯」を「勇」に変えるには、小さな成功を体験させることが重要です。大きな仕事であれば、10分割して最初の1ステップを成功させるのです。

新入社員であれば、書類のコピーや整理だけ、格段にうまくさせるのです。

勢いのある舞台は、上司が成功や勝利を段階的に準備することで生まれます。

「勢い」がつけば、最初は臆病だった人や組織も、勇者の集団に変貌できるのです。

では、弱を強にするにはどうすべきか。

一つには、自社の強みを押し広げる形でビジネスを進めること。

こうすれば、得意な分野で勝負を続けることになります。

もう一つは、自社より弱者を攻略のターゲットにして展開することです。

これも、態勢により強者になることが可能な選択です。

最後に、チームに必ず経験豊富なベテランを入れておくことです。

壁を乗り越えたことのある人物と、経験の浅い者を共に戦わせる。

この経験を積ませることで、弱を強に変えていく態勢をつくるのです。

39 3つの舞台をどう整えるか

種類	特徴	準備
統制力	混乱を避けるようになれる舞台	リスクを想定し、万一のプランをあらかじめ考えておく
勢い	おびえ、しりごみしている人が、気力を奮い立つようになれる舞台	小さな成功体験を段階的に積ませられる準備を整えておく
態勢	弱者を強者に変えてくれる舞台	自社の強みを押し広げたり、自社より弱者を攻略のターゲットにして展開する

弱者 → ベテランと経験の浅い者をチームとして共に戦わせ、経験を積ませる → 強者

孫子ならどうする

個人よりも、組織として勝てる舞台をつくり上げよ。個人のネガティブな資質は、ポジティブに変換できる。

40 過大な自己評価から脱却して勝利をつかむ

――大きな勝利の90%はあなた以外の要素で決まる

努力よりも、機会の大きさで勝利は決まる

兵法書『孫子』全体を見たとき、大きなメッセージが一つあります。

それは「大きな勝利の90%は、あなた以外の要素で決まる」というものです。

個人の努力よりも、外部の機会活用こそが大きな差を生み出すのです。

自らできることはあくまで「自軍側の強化」だけです。

大きな勝利は、敵の隙や地形など有利な情況がもたらすと孫武は考えたのです。

そのため、勝利の機会は自らの外にあると考えることが必要です。

「五つの基本問題」や「七つの基本条件」などは、チャンスの判断基準とも言えます。

ビジネスや人生でも、実力や努力が100%成果を生むとは限りません。

むしろ、同等の能力でも、出合った機会の大小で驚くほど明暗が分かれます。

ベンチャービジネスで一世を風靡した人物も、時代が変わるとただの人になるように。

このように考えると、第一に重要なのは、優れた機会の発見です。

『孫子』は常に敵と自分の相対的関係を測ることを重視しました。

私たちにとって、それが最善の機会であるかを知るためです。

『孫子』は「必勝」とは機会がもたらすものであると語りました。そして、「不敗の態勢」ならば、自らつくることができるとも述べました。

力を蓄えながら、最高の機会を待つ。

そして、大きな挑戦をできるだけリスクのないものにして勝つのです。

敵が力を入れていない場所、社会のスキを見つける

人は物事をなすとき、積極的な力を過信しがちです。

簡単に言えば「攻撃」に過度に意識を奪われているのです。

ところが、『孫子』は、間接的アプローチの概念を中心にしています。攻撃の効果は、相手の防御の薄さに比例する、という考え方です。つまり、相手の防御が手薄なほど、同じ攻撃でも威力は増加するのです。

相手の抵抗がゼロなら、攻撃はすなわちそのまま勝利を意味します。

選挙活動で、対立候補がゼロの地域で立候補するなど、その典型でしょう。

「はじめは処女のごとく、終わりは脱兎のごとく」も同じ意味です。

相手の油断を誘うほど、あなたの攻撃効果は倍増することになるからです。

戦果を挙げる、という目的は同じです。しかし攻撃力を増強するか、敵の手薄な場所を狙うかは大きな違いです。

ビジネスなら、これまで保護されてきた産業を狙うことで、高い攻撃効果が望めます。社会のスキを狙うベンチャーが、短期間で業界を席巻《せっけん》する姿は『孫子の兵法』に通じているのです。

40 外部の機会活用こそ勝利のカギ

孫子ならどうする

大勝利のためには、機会をうかがい、
敵の現状を見極めよ。
自分以外の力をいかに活用するか。

著者略歴

鈴木 博毅（すずき・ひろき）

1972年生まれ。慶應義塾大学総合政策学部卒。ビジネス戦略、組織論、マーケティングコンサルタント。MPS Consulting代表。貿易商社にてカナダ・豪州の資源輸入業務に従事。その後国内コンサルティング会社に勤務し、2001年に独立。戦略論や企業史を分析し、新たなイノベーションのヒントを探ることをライフワークとしている。顧問先には顧客満足度ランキングでなみいる大企業を押さえて1位を獲得した企業や、特定業界で国内シェアNo.1の企業など成功事例多数。日本的組織論の名著『失敗の本質』をわかりやすく現代ビジネスマン向けにエッセンス化した『「超」入門 失敗の本質』は、戦略とイノベーションの構造を新たな切り口で学べる書籍として14万部を超えるベストセラーとなる。その他の著作に、『ウェルチ、ガースナー、ベスーンに学ぶ 「企業変革」入門』『シャアに学ぶ“逆境”に克つ仕事術』（以上、日本実業出版社）、『戦略の教室』（ダイヤモンド社）、『「空気」を変えて思いどおりに人を動かす方法』（マガジンハウス）、『実践版 孫子の兵法』（プレジデント社）、『この方法で生きのびよ！』（経済界）などがある。

[図解]今すぐ使える! 孫子の兵法

2015年11月25日 第1刷発行
2017年 2月25日 第2刷発行

著　者　鈴木博毅
発行者　長坂嘉昭
発行所　株式会社プレジデント社
〒102-8641 東京都千代田区平河町2-16-1
電話 編集（03）3237-3732
販売（03）3237-3731

組版・図版・イラスト・装丁　GINZU
印刷所　凸版印刷株式会社

ISBN978-4-8334-2155-3
Printed in Japan